知室
ZHI SHI

校长观点

大学的改革与未来

林建华 著

中国出版集团 东方出版中心

自序

过去二十年是中国高等教育发展最快的黄金时期。作为中国的一个教育工作者，能够亲身经历和参与这一过程的确是很幸运的。

二十年前，我们在为自己和学校的前途担忧。教师队伍青黄不接，科研条件落后陈旧，人们凭借情感维系着对北大的忠诚。北大百年校庆以及随后的创建世界一流大学计划，犹如拂面的春风，温暖了心田，振奋了精神，激励人们环顾世界，勇敢融入世界高等教育发展和国家发展的洪流之中。

过去二十年，我们曾多次参加国外大学举办的各类管理培训，虚心学习世界先进的大学管理经验。我们曾认真研究各种教育模式，试图改造我们的教育，给予学生更好的学习和成长体验。我们曾细心借鉴教师人事管理制度，试图打破观念和制度的藩篱，调动各方积极性，提升学校的人才竞争能力。我们大力引进优秀学术人才，推进跨学科合作和前沿领域布局，努力改变学科的整体格局。我们还加强基础设施建设，更新装备，改善工作和生活条件等等。过去二十年，中国高等教育的变化可谓波澜壮阔、前所未有，但我认为改变最大的是人们的观念和信心。今天，人们不再怀疑我们的潜力，不再质疑我们能否进入世界大学行列，也不再对未来的挑战和变化感到畏惧和胆怯了。

过去二十年，我们是好学生，我们虚心学习，努力汲取他人一切有益的办学经验。今后我们当然还要继续学习，但仅仅靠机械照搬显然已经远远不够了。我们不可能靠照搬他人的经验建成世界一流的大学，必须要立足中国、融入中国发展，走出一条自己的路。

二十年，对一个大学是短暂的，但对一个人来说，却是很漫长的。这本书是一个大学管理者对这段历史的回顾，是对共同走过这段历程的同事们的感念。但如果我们仅仅纪念过去二十年的进步和成就，忘记我们犯过的错误和未来的严峻挑战，是有失偏颇的。我们的成就是未来的基础，我们的错误是未来的借鉴，新时代的要求是未来的挑战。因此，在这本书中，我尽可能把这些年的所思、所想和所为原原本本地展现给读者，希望大家理解过去的艰辛，树立未来的希望。

我要感谢与我一起工作的重庆大学、浙江大学和北京大学的同事们，没有他们的帮助和支持，我很难在三所杰出的大学中承担起如此大的重任。我要感谢一路走来遇到的朋友，没有他们的鼓励和督促，我很难坚持完成写作。我也要特别感谢我的家人，包括妻子、孩子们和岳父母，他们始终站在我背后，默默地支持我，为我奉献着。

我希望这本书是一个开端，但愿我们会看到更多人与大家分享他们在大学管理上的体会和经验。更希望今后更多校长分享他们的观点，共同进步和成长。

目 录

第三章 授与育

第四章 率与变

第五章 言与行

第一章 道与路

未来要求我们必须实现从学习到超越，从跟踪到引领的观念转变，增强信心和勇气，走出一条自己的路。

1

做好改变的准备

　　杜威曾讲："世界上从来没有一所大学能如北大这样，与一个民族的命运如此紧密地相连、休戚与共。"在一百多年的历史上，北大始终站在变革运动的最前沿，扮演了引领时代前进的角色。但作为一所伟大的学校，要始终保持思想的新锐与活力，培养能够引领未来的人，产生影响国家发展和人类进步的新思想、前沿科学和未来技术。这就需要我们不断革新、不断进取、不断引领时代前行。

几年前，曾读过吉姆·柯林斯（Jim Collins）[1]写的《从优秀到卓越》。这是一本管理学的书，柯林斯教授从一千多家企业中，遴选了十多家卓越的企业，用五年时间通过访谈和数据分析，得出了对卓越企业的一些规律性认识，很有启示意义。大学的主要职能是保存、传播和创造知识，几乎持续了近千年，长久的时间既显现出大学持久的生命力，也累积了太多历史痕迹，这使大学变得保守了。当时间来到 2018 年，一些变化值得我们关注，其中之一是信息技术和互联网的快速发展，使知识产生和传播的方式发生了变化，大学不再是保存和传播知识的唯一来源了。另外，大学与地区经济社会发展结合得越来越紧密，这也在很大程度上改变着大学的观念。

大学要保持思想的新锐与活力，必须要在变化中守正创新，在变革中追求卓越，在这个意义上看，我们还真需要学习一些企业的经验了。

一切都在变化

柯林斯并没有根据规模或影响力界定企业卓越与否，而是根据是否能保持长久可持续的增长，特别是遇到外部危机时，是否仍能保持健康发展这项指标来界定企业的卓越程度。因此，在选择的卓越企业中，更多是传统行业的企业。对每家卓越企业，他们还遴选了同行业的参照企业，以凸显应对外部危机的能力。

---

[1] 吉姆·柯林斯（Jim Collins）：曾获斯坦福大学商学院杰出教学奖，先后任职于麦肯锡公司和惠普公司。

大学的历史更加久远。在过去的数百年间，虽然经历了无数政治、社会和科学技术的变革，仍有一批大学始终保持着青春活力，引领着世界高等教育的发展方向。这些学校并不都是一帆风顺的，但它们没有在困难和挫折中沉沦，而是一次次重新崛起。正是对文化和价值的坚守与创新，成就了这些伟大的大学，这也让我们看到了大学文化和精神传统的力量。在一百多年的历史上，北大也经历了风雨飘摇的年代，抗日战争期间的南迁、"文化大革命"的政治风潮，但文化的力量使北大重新崛起，继续前行。改革开放以来，北大经历了四十年的平稳发展，已经成为一所具有世界影响力的大学。

过去二十年，是中国大学发展最快的一个时期。"985 工程"建设和体制机制改革，解放思想，激发了大家的积极性和创造性。有很多数据可以说明中国大学的巨大变化。例如，在过去二十年间，北大的科研经费、学术论文等都增长了十倍左右。单从论文数量上看，我们已经处于世界前列了。另外，我们的学术研究水准也提升很快。在《自然》杂志每年发布的"自然指数"中，北大都处于世界大学的前十位。这些数据从一个侧面反映出学校的学术活力，而在这些数据背后，还隐含了中国大学在观念和内涵上的深刻变化。可以说中国大学是世界上最具进取精神的一批学校。我们虚心学习世界上一切先进的大学管理经验，改革人事体制和治理结构，努力引进优秀人才等等。所有这些努力，重塑了中国的大学，也为中国高等教育的进一步发展，奠定了坚实的基础。

当人们为中国大学的巨大变化庆幸的时候，我们应当清醒，过去二十年我们主要是在学习、在照葫芦画瓢，还没有能够像最伟大的学校那样，主动适应和引领世界的变化。

新时代、国家现代化、社会经济快速发展和"双一流"建设，为中国大学的发展提供了难得的机遇。我们已经确定了进入世界一流大学前列的目标，这是一项非常艰巨而光荣的任务，这对学校的管理者和师生员工来说，都是一个严峻的考验。

从未来看今天

伟大学校的一个重要特征是把握未来可能的变化。我们要站在未来，观察和审视今天面临的问题和挑战，未雨绸缪，做好前瞻性的准备。中国立志经过几十年奋斗，实现国家现代化，成为社会主义的强国。这对中国的高等教育、科学技术和中国文化提出了更高的要求，也为中国大学提供了难得的发展机遇。

科学技术、知识经济和全球化改变着人类的生存方式，中国崛起改变着世界格局，我们将面对一个急剧变化的未来、一个巨大挑战的未来、一个充满激情的未来。站在未来，会让我们更有胸怀和信心，看到中国大学存在的问题，看到哪些应当坚守，哪些应当改变，哪些应当弘扬，哪些应当摈弃。站在未来，也会让我们更有远见和视野，不为眼前利益诱惑，不被社会风潮所动，保持定力，坚守核心价值和核心使命，顺应变化、引领未来。未来要求我们必须要实现从学习到超越、从跟踪到引领的观念转变，增强信心和勇气，走出一条自己的路。

面对未来的挑战，我们不仅要使学生具有更强的学习和创造能力，还要使他们具有更强的学习和创造意愿。技术进步、生产要素全球流动为个人的创造潜力提供了宽广舞台和无限可能性，人们的创新、创造和创业的能力和意愿，决定了国家和民族的未来。

我们必须要改变传统的教育理念，改革人才培养模式，激发学生的内在学习和创造欲望。

面对未来的挑战，我们的学科布局和构架必须进行深刻变革。科学和技术的进步为各个学科的发展提供了前所未有的强大工具，各学科都将面临深刻变革。未来的学术前沿将更多出现在跨学科领域，跨学科教师聘任、跨学科机构设置、跨学科的空间布局都将是必然的趋势。我们按院系的空间布局，制约了不同学科学者之间的合作与交流，这是需要改变的。我们现在的教师和研究生管理，也有很多制约跨学科发展的瓶颈，也需要转变。医学将是发展最快，也是北大最具发展潜力的领域。未来的医学将更加智能、更加精准、更加依赖于数据和新技术，我们必须改变传统的医学教育观念，要使未来的临床医生更好地了解和利用现代科学技术。北大的临床医院都应当是创造和使用最新技术和方法的研究型医院。北大的临床医学应成为其他各学科领域的前沿研究和应用的舞台，引领未来。

中国的快速发展为我们提供了良好的发展条件，也提出了众多具有世界意义的重大学术问题，这是我们发展的基础和优势。未来的大学不仅要聚焦核心使命——培养引领未来的人，创造更多影响国家发展和人类进步的新思想、前沿科学和未来技术，还要为国家和地方的社会经济发展服务，提供更有力的人才和学术支撑。我们要加强与政府、企业的合作，改革科研体制，组建问题导向的研究机构和平台，利用外延服务增强学校的核心竞争力。我们坚信，扎根中国大地、融入中国发展、解决中国问题，将为我们提供更加广阔的发展空间。我们也相信，在全球化和网络时代，中华文化的开放、包容和厚重，将使建立在中华文化基础上的中国大学更有竞争力。

人永远是最重要的

创建世界一流大学需要有好的战略，需要建立完善的管理制度，但最重要的还是人。战略和制度是人制定的，也要靠人来执行。有了最优秀的人，就会有更广阔的学术视野，制定出符合实际的前瞻性战略；有了最优秀的人，就会有更宽广的胸怀，制定出激励师生创造潜力的制度规范；有了最优秀的人，才能带领大家，实施学校战略、执行制度规范，才能成就一所伟大的学校。

过去二十年，我们一直坚持"以队伍建设为核心，以交叉学科为重点，以体制机制改革为动力"的基本方针。这个方针之所以取得成效，最重要原因就是突出了"人"的作用。选准、选好学术带头人是最重要，也是最困难的事情。学术带头人的视野、水准和胸怀，决定了学校能聚集什么人、建立什么样的机制，也决定了学校是否能使制度和机制落地实施，决定了机构未来的发展潜力。我们已经在世界范围内吸引和聚集了一批最优秀的学术带头人，但这还远远不够。面向未来，聚集最优秀、最有潜力的人，仍然是学校最核心的任务。

优秀人才是世界上最稀缺的资源，中国的大学凭什么能够聚集最优秀的人呢？一是因为中国的快速发展提出了很多具有重大意义的学术问题，也提供了良好的学术发展条件。这对很多杰出的学者而言，是一个非常难得的机遇。二是因为我们可以营造学者需要的学术环境。杰出的学者需要更好的学术环境，才能真正发挥出创造潜力。我们要聚集最优秀的人，就要营造更好的学术环境。学术环境不仅是设备和基础物质条件，更重要的是周围的人。杰出的学者希望与更杰出的人一起工作，希望与不同学科背景的人一起创造新的学术。北大前期组建的跨学科研究机构之所以成功，一是因为教师选聘是按学科布局需要进行的，保证了学者之间的互补和合作，二是因为选聘的标准都比较高，使优秀的人聚集在了一起。当然，目前学校的跨学科机构只是营造了一些局部的小环境，我们应当鼓励跨学科人员聘用，使跨学科合作成为北大学术的常态。

人的重要性也体现在学校的院系领导者身上。蔡元培校长改造了北大，其理念至今还深深影响着北大。我们都希望能出现一个万能杰出的领导，包打天下、带来奇迹。但今天大学和院系的规模和复杂程度都今非昔比，承担的社会责任也不同以往，已经不是个人英雄的时代了。

柯林斯曾研究过一些明星式的企业家，尽管他们的魄力和魅力能够为企业带来转机和资源，带来快速的成长，但其中的很多企业并没有能够持久。过度依赖于个人，而非团队和制度，一旦领导变更或发生其他变故，企业就失去方向。这种现象在大学里也屡见不鲜。柯林斯的研究还发现，卓越的企业领导人一般都不是极具个人魅力的明星式人物，而是谦逊而坚韧、平和而执着的，有的看似低调木讷，实则内心非常自信和强大。这样的领导都有很强的专业精神，更加关注长远，注重企业制度和团队文化的建设，使企业始终保持革新精神，能够未雨绸缪，随时应对可能的严酷形势。这实际上也与我们的观察很吻合。在过去一些年，北大也有一些院系能够始终保持稳定和强劲的发展势头，而这些院系的领导并没有什么特别的过人之处。但有一个很重要的特点，就是院系的制度文化比较好。制度文化不仅仅是写在纸上的制度和规范，也是大家接受并能够实际执行的制度和规范，是已经成为人们习惯的制度和规范。良好的制度文化，再加上领导班子的职业精神，能够尊重和坚守学院的制度文化和价值观，我想，这就是成功的秘诀。

中国已经开始实施新一轮的"双一流"计划。这项计划的主要目的是提升中国大学的竞争力，更好地服务于国家发展。"双一流"计划提出了明确的目标，希望一些大学能够进入世界一流大学前列。作为中国高等教育的旗帜，北大当然应当首先向这个目标努力。但我们很清醒，尽管中国大学的进步很快，但很多体制性的问题并没有解决。人、学科、机构、教育、制度、文化等等，这些都是影响大学发展的重要因素，也是我们需要破解的瓶颈问题。只有面向未来，守正创新、勇于变革，才能建立可以持续改善的大学体系，才能够实现学校的改革发展。

②

大
学
的
逻
辑

　　培养人是大学的核心使命，这既是政府和社会公众的诉求，也
是大学声誉的最重要来源。由于大学中的组织和个人都有自己的利
益诉求，对学校核心使命的认同并非是自然而然的。因此，学校的
制度、资源和政策一定要以提高学生学习和成长体验为中心，要建
立起各方协同的制度和文化，才能真正实现学校的核心使命和任务。

一些人觉得只要有了大楼、大师，就能够办好大学，实际并非如此。大学的规模虽然不大，所涉及的人和领域还是很复杂的。学者的个性与诉求、学科的变化与坚守、社会的期盼与抱怨、政府的支持与管理等等，都会对大学的管理产生影响。管理者既要把握办学规律，坚守大学基本价值，又要保持政治敏感性，保证学校的稳定发展。

大学内在逻辑

在重庆大学的一次小型研讨会上，大家对综合改革思路争论不休。主管教学的副校长认为大学的人才培养最重要的，应当作为综合改革的主要切入点。主管科研的副校长认为学术研究对学校也很重要。当然主管人事、学工的副校长也不甘落后。大学的职能的确发生了很大的变化，除了保存和传播人类知识，大学在创造新知、服务社会、弘扬文化等方面发挥着越来越大的作用。因此，大家争论的是一个很基本的问题：大学这些职责之间有什么关系，最核心的职责是什么？理解这些问题和大学的逻辑，对做好大学管理工作是非常重要的。

在随后的几年中，我一直在思考大学内在逻辑的有关问题。最初，我们把大学与企业进行对比。企业发展的根本任务是为客户创造价值，而大学的根本任务是培养人，我们应当让学生在大学四年学习中获得最大收益。当然，学生与一般意义上的客户不同，大学与企业也不完全一样。大学要面对性格和志向各异的教师和学生，他们的创造力决定了大学的发展状况。大学的管理也有自己的特点。我们不能靠行政命令指挥教师和学生，只能通过制度、文化和共同的价值追求，凝聚大家的共识，引导大家将个人学术发展的理想与学校的使命紧密结合在一起。尽管如此，我们仍然可以从企业的内在逻辑出发，分析大学的情况。例如，企业追求的是利润，而大学追求的是学术和社会影响力，输出的是毕业生和学术研究成果。大学需要聚焦学校的核心使命和任务，完善人事管理体制，营造良好的学术氛围，进而提高人才培养质量，开展高水准的学术研究。

当我们想了解一所大学的时候，首先看到的是一些表象，也就是大学的影响力。随着了解的逐渐深入，我们就会看到大学更深层次的状况。在大学逻辑图中从上至下的过程，就是我们由表及里观

大学的逻辑

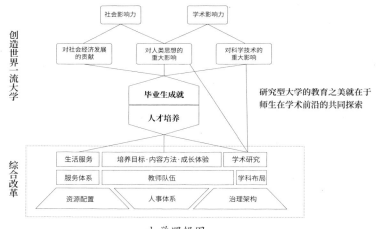

大学逻辑图

察大学的过程。大学的影响力有两个方面，学术影响力和社会影响力。前者主要体现大学对人类思想、科学和技术方面的贡献，后者主要是大学对国家和社会发展的贡献。在知识对经济和社会发展贡献越来越重要的时代，大学必须要为社会发展提供强有力的人才和学术支撑，也必须产生能够影响社会发展的新思想和新理论。因此，

校长观点：大学的改革与未来

大学的影响力既来自于学校的学术研究，也包括毕业生走出校门之后的贡献。实际上，社会公众更加关注毕业生的状况，因此，如果我们培养的学生都很优秀，他们在社会上都很有成就，学校的影响力就被成百倍地放大了。因此，我们说毕业生的贡献是学校声誉的最重要组成部分。

如何才能培养出优秀的学生呢？这就涉及学校内部运营体系的状况了。运营体系中的各个因素之间也有逻辑关系，下层因素是对上层因素的支撑。例如，学校的教学和科研都需要强有力的学术队伍和合理的学科体系，教师队伍建设则需要完善的人事体制、合理的资源配置和大学治理构架等等。这个大学逻辑图是简洁明了的，虽然不可能涵盖影响大学的所有因素，但最主要的都考虑到了。

大学的核心使命

了解大学的内在逻辑对把握学校发展脉络是很重要的。人才培养是学校最核心的使命。这不仅是国家和社会对大学的基本要求，也是大学长远声誉最重要的来源。习近平总书记一再强调，"只有培养出一流人才的高校，才能够成为世界一流大学"。我们可以设想，如果我们的人才培养质量不高，国家未来的竞争力是很难显著提升的，那我们也很难自称为世界一流大学！

对大学而言，学术研究当然也是至关重要的。这可以从两个方面看，学术研究的水准决定了大学的学术影响力和学术声誉，也决定了支撑国家社会经济发展的能力。同时，大学的学术研究是人才培养的基础，高水平的学术研究和良好的学术氛围和条件，是高水准学术队伍的保障，这对培养有创新能力的优秀人才是至关重要的。

大学的逻辑还告诉我们，人才培养涉及学校的方方面面，不仅涉及培养方案、教学计划，还涉及教师队伍、服务支撑、体制机制、资源配置等各个方面。因此，我们进行教学改革不能只关注教学工作本身，而要将之看作是一个复杂的系统工程，要集全校之力，以教育改革为牵引，推进各领域的综合改革。在最近开展的本科教育改革中，我们更加关注体制机制和资源配置的支撑作用。例如，通过在学部内自由转专业、全校范围自由选课，打破了院系界限，调动了院系和教师的教学改革积极性，使教学改革真正见到了成效。

在研究型大学的管理中，一个普遍和有挑战性的问题是如何处理好教学与科研的关系。过去二十年，中国大学的学术研究水准提升很快，科研经费、学术论文都增长了十倍左右，很多领域的研究条件也有了很大改观，有的已经达到了世界水准。但实事求是地讲，过去几十年中，我们的教育模式变化并不大，仍然沿用着传统的、以知识传授为主的教育模式，学生的好奇心和创造潜力并没有被充分激发出来。中国大学的这种状况受到了社会公众的质疑和批评，也制约了国家人力资源水准的进一步提升。

在大学的逻辑体系中，学生始终处于核心位置。学校的各项工作，无论是教学、科研、队伍建设，还是支撑服务等，都是为了学生的培养。对于这一观点，并非所有人都赞同。例如，学者总会把自己的学术发展放在首位，这是学者最重要的利益诉求。院系既关注学生的教育成长，也关注学者的学术发展。但院系是从本专业角度，有选择地支持老师和学生诉求的。从大学的逻辑，我们可以更好地理解学校中教学与科研的关系。首先，教师在大学中具有主体地位，学校的所有使命和任务都是由教师完成的。因此，教师队伍建设是大学建设的核心。其次，"以学生发展为中心"的理念并非

校长观点：大学的改革与未来

院系和教师的天然选择，必须要利用资源配置、政策倾斜等措施，引导教师和院系的价值取向。因此，推动教学改革、提高人才培养质量是学校最重要也是最困难的任务。本科教育改革最核心的问题，是建立激发教师教学热情的体制机制。

大学需要的协同

大学是高度依赖个人创造性的学术机构。我们可以把大学比作一个齿轮箱。齿轮箱是用来调节转速或转换方向的。一般的齿轮箱动力从一端输入、另一端输出，主动轮和从动轮泾渭分明。但大学却很不一样，每一个齿轮都是一个独立的动力源，都有自己的愿望和能动性。如果大家运动方向不协调、相互掣肘，齿轮箱就无法输出任何动力。如果大家能够协调一致、相互配合，输出的动力就会成十倍或成百倍地增强。

人是大学的最宝贵资源，大学的一切工作都是围绕着人展开

齿轮图

的。要成为一所杰出的大学，必须要有杰出的教师和学生，也必须有好的环境和氛围，使人们的创造潜力充分发挥出来。杰出的人往往都是与众不同的：有倾心专注、清心寡欲的；有玲珑剔透、能言善辩的；有愤世嫉俗、争强斗胜的；有传统守成、中庸平稳的。对于那些性格秉性和细枝末节的事情，我们要宽容；对于不同的学术观点，我们要用学术规范去评判；而对教师道德操守、学校办学方向等大是大非的问题，则一定要坚持原则、坚守底线。杰出大学的魅力就在于宽松的氛围和合理的制度文化，既能使各类人的内在创造潜力充分释放出来，也能使大家在共同价值观引导下，和睦相处、各尽其美、相得益彰，为学校发展和国家强盛一起工作。习总书记曾阐述过大学的这些特征，他讲道："思想活跃是高校的重要特征，各种思想观点在这里交汇，各种价值观在这里碰撞。'泰山不让土壤，故能成其大；河海不择细流，故能就其深。'我们要秉持尊重差异、包容多样的态度，在多元中立主导，在多样中谋共识，在多变中定方向，让一切有益思想文化的涓涓细流汇入主流意识形态的浩瀚大海。"

中国大学的发展和崛起，也就是近十几年的事情，我们的治理体系尚未完善，大家对学校发展方式还未形成广泛的共识。作为学校的管理者，我们每天都要处理很多事务，一些是日常事务，还有一些是突发事件，这都占用了很多时间。一位美国大学校长曾讲，大学校长至少要用 20% 的时间去思考和处理更长远的事情。中国大学体制性的问题更多，改革发展任务也更重，我们应当花更多的时间，认真研究办学规律，研究大学的内在逻辑，这样才能在无序中实现导向，在差异中形成共识，在多任务中实现平衡。

3

政
府
、
公
众
与
大
学

政府、公众和大学都有各自的利益诉求。实际上，社会公众的诉求是大学基本的职责和使命，是维系大学可持续发展的最重要的因素。

新时代，社会的主要矛盾转化为人民日益增长的美好生活需要，与发展的不平衡、不充分之间的矛盾。随着人们生活水平的提高，社会公众对高等教育的期望也越来越高。过去几十年，中国高等教育的规模增加了很多，上大学的问题已经基本解决了，现在大家希望能够上好的大学，希望更加多样化、更适合学生未来发展需要的高等教育。要实现国家的现代化，高等教育必须现代化，以保障国家发展需要的高素质人力资源。因此，政府和大学都要有强烈的责任和忧患意识，改革高等教育体系、提高教育质量，不仅是满足社会公众的需求，更是国家长远发展的战略保障。

公众需要什么

社会公众对高等教育的主要诉求是得到更加公平和多元化的教育。随着生活水平的提高，人们已经不再满足于能上大学，而是要上更好的大学、更适合的大学。我们好的大学不多，教育模式相对单一，优质高等教育的供给短缺，竞争异常激烈。这种竞争已经延伸到了中学和小学甚至幼儿园，由此产生了应试教育、忽视学生全面发展甚至身心健康等一系列问题。现在有很多中等收入水平的家庭，宁可自己省吃俭用，也要设法把孩子送到国外读书，为的是下一代能够接受好的教育。出国学生低龄、优秀学生纷纷出国等现象，应当引起我们的高度关注。实际上，这既不利于孩子的健康成长，也不利于国家发展，却是社会公众的无奈选择。

社会公众的另一个重要诉求是教育公平。表面看，我们的高考是很公平的，只要分数足够好，就可以上好的大学。但前提是要先上好的小学中学，上各种各样的补习班，这对家境不好的学生显然是沉重的负担。另外，城乡之间的基础教育差别很大，地区之间高等教育资源分布也不均衡，这些都加剧了机会的不均等、不公平。最近几年，中央加大了贫困地区招生的政策倾斜，产生了很好的社会效果，但这毕竟离解决根本问题还有很大距离。改变的根本出路，还是要增加优质高等教育的有效供给，不仅要有更多高水平大学，还要提供更加多样化的教育模式，使学生能够选择适合自己的大学，能够有更好的学习和成长体验。

政府、公众与大学

在政府、社会公众和大学这三个高等教育主要利益相关群体中，社会公众是高等教育的利益主体，政府是举办者，大学是承担者，政府和大学都要努力满足社会公众日益增长的优质高等教育需求。

作为高等教育的举办者，政府是公立大学管理和监管的责任主体。在目前的体制下，政府掌控了学科设置、招生规模、教师规模、学费收取等教育宏观政策和资源，以及对公立学校的资金补偿、教学事务、学术事务、人事安排等微观层面的管理权限。作为举办者，政府有责任代表社会公众的利益诉求。政府希望大学能够培养高素质人才，在学术研究、科技成果转化和促进国家发展上做出贡献，提升国家的整体竞争力。同时，政府要求大学一定要坚持社会主义办学方向，立德树人，培养社会主义的合格建设者和可靠接班人。这些都是社会公众利益诉求的基础。

通常情况下，政府更多从国家利益的角度考虑高等教育，认为高等教育是提升国家竞争力的关键。这个认识是很正确的，这也是政府大力支持大学发展的思想基础。过去二十年，中国政府组织实施了"985工程""211工程"等一系列学科建设计划，提升了大学的整体竞争力。另一个角度看，在考虑高等教育这类关系国家发展和国计民生的问题时，政府的各层领导们必须要站在社会公众角度，保护公众利益及其对教育的诉求。最近一些年，通过增加有效教育资源供给、拓展资金渠道等方式，中国高等教育实现了快速发展。高等教育从精英教育转变为大众教育，基本满足了社会公众"有大学上"的需求和愿望。

从任何角度看，现在的中国高等教育与公众的要求相比有很大差距。这并非由于大学不努力或无能，我们需要重新审视高等教育的基本定位。政府和大学应该清醒地认识到，我们有责任为社会公众提供更公平的、更高质量的教育，让学生得到更好的学习和成长体验，成为一个有社会责任感、有爱心的合格公民。实际上，办教育不能有短期功利心，当我们回归公众诉求，回归育"人"的本质属性和初心，就一定会更好地把握中国高等教育的发展方向，提升国家竞争力也就是水到渠成的了。

高等教育的生态

社会公众已经不再仅仅满足于"有大学上"了，而是希望能够"上好大学"，希望得到更加丰富和多样的教育体验。最近二十年，大学的数量和规模增加很快，但高等教育的基本结构没有根本性变化。老牌大学的专业教育传统很强，加之近年来规模增大，通识教育和博雅教育改革的阻力是很大的。近年来新建的大学多数是从专科升格或合并而来的，无论是培养模式，还是教育质量都有待提高。显然，仅仅按现在的高等教育的发展思路，是很难满足新时代社会公众对优质高等教育的强烈诉求的。

我们一直在学习和借鉴其他国家的经验。德国的职业教育、法国的工程师培养、美国的博雅教育和公立大学体系等等，这些教育模式是很成功的。但中国是一个大国，人口为世界的四分之一。另外，我们国家制度和社会结构不同，社会和产业的发展模式也丰富多彩，需要更加多样化的各类人才。我们不能简单照搬其他国家的经验，而是要建设适合国情的高等教育"生态系统"。我们用"教育生态系统"的说法，是想强调它不是简单地"规划"和"管理"出来的，而是需要政策引导和制度保障，不拔苗助长，假以时日，健康的教育生态一定会自然生发出来的。这很类似于近年来国家在经济领域实施的供给侧改革，政府简政放权、引入竞争，同时加强立法和政策调控，调动地方政府、社会力量等各方面的积极性，逐步形成层次分明、结构合理、适应社会公众要求的高等教育"生态系统"。"生态系统"的形成过程必然是一个从"混乱"到"有序"的过程。在发展过程中，出一些问题是正常的，要保持政治定力，坚持既定方针。既要坚决地打击违法违规行为，也要建立自信，相信竞争终将淘汰投机行为。

发挥地方的积极性

形成满足社会公众需求的教育"生态系统"，重要的是明确中央与地方的权责。实际上，教育本应当是地方政府的事权，而不完全是中央政府的事权，这也是世界大多数国家通行的做法。因为地方政府更了解本地区的社会需求，也最贴近区域的社会公众，而且，高等教育最直接的受益者也是区域性的，因此，地方政府对本地高等教育的发展更加关注，也更加热心。

从历史上看，现在很多重要的大学都是由地方政府发起建立的，只有北大等少数学校是中央政府直接建立的。近些年，深圳市投入了巨资，建立了深圳大学和南方科技大学，还支持北大、清华、中山大学等学校在深圳建立校区，显示了地方政府对高等教育的高度重视。上海市虽然已经有很多大学，仍然积极支持创办了中欧商学院、上海纽约大学等国际合作学校，希望为公众提供更加多样化的教育。在地方政府的支持下，昆山杜克、宁波诺丁汉、西交利物浦、浙大海宁的爱丁堡和伊利诺伊等国际合作学校建成招生。这些学校的学费比较高，但国际化的办学模式为学生提供了不同的选择，不出国门就可以受到国际水准的教育。最近，浙江省积极推进西湖大学的建设，社会各界也对这所高起点、研究型的私立大学寄予厚望。但无论是地方政府，还是社会捐赠方或大学筹备机构，仍然是更多地从提升地方科技创新能力的角度规划这所学校，远没有回归到大学的本质和初心。

面对地方政府和社会力量高涨的办学热情，中央教育主管部门表现出很多担忧。这也是可以理解的，掌握教育事权也意味着承担巨大的责任。但如果高等教育事权和责任不能下放地方政府，高等教育"生态系统"也就难以形成。我们要相信在党的领导下，各方协作共同努力，一定会建立更加健康合理的教育生态系统。

大学的职责

作为教育和学术机构，大学应当清楚自己肩负的责任，完成政府交给的任务，履行对社会公众的庄严承诺。当然，大学也有自己的建设任务和发展目标。对于北京大学来说，我们要建设世界一流大学，就要努力提高学校的学术影响力和社会影响力。要实现这一目标，就要聚集最顶尖的学者，让他们在宽松自由的环境中发挥潜力，施展才干，实现学术理想。从根本属性上看，大学的追求与政府和社会公众利益是一致的，都是为了提高国民文化素养，实现教育强国和创建创新型国家。在现实中，难免会有很多不同的视角、观点和诉求。例如，大学基于对人才成长规律的理解，希望以更合适的方式选拔学生。但政府会顾及社会公众的情绪，坚持统一考试这种貌似公平的方式。大学作为人才培养和学术研究的场所，希望营造更加独立自主、兼容并包的学术氛围，而政府出于对社会稳定的考量，要求大学必须加强管理，确保稳定。另外，作为办学实体，大学也需要努力提高资源和运营的效率。

作为大学的举办者，政府需要对大学加以管理，以避免学校过度关注自身利益，忽略应承担的国家和社会责任。另一个视角，政府也需要给予大学充分的办学自主权，要求大学承担更大的责任，使大学更好地履行其使命，保持大学的活力才能拥有更大的创造力。在实际工作中，如何把握好"管"与"放"，并不是一件容易的事情。几年前，教育部召集一些大学校长开会，一位校长谈论高校自主权问题。当时的一位教育部领导问道："你说吧，都想要什么自主权？"在场的人都面面相觑，不知如何作答。大学希望有更大的自主权，是因为感觉到放不开手脚。但真的要问是什么束缚了手脚，一两句话还真的说不清。这很像一个人感到身体不舒服，到医院看病，大夫问病人得的是什么病，他也说不清楚是怎么一个道理。这个问题的实质是：哪些事情是教育部不应当管的？大学校长很难说清楚，也不太好说。我们可以换一个角度看这个问题：哪些事情是政府必须管的？换句话说，申明底线要求，其他事情发挥大学的主观能动性就好了。

4

学者就是大学

　　"学者就是大学""学术成就大学的未来""学生培养是大学最核心使命"，这些大学的基本价值很容易被淡忘，或变成一些空洞的口号。北大119周年校庆时，学校举办了一个"讲述"活动，邀请了几十位学者，根据自己的亲身经历和感悟，讲述了在北大工作的体验和情怀、对学术的理解、对教育的责任和对学生的情感，深深感动了在场的听众。我也与大家分享了几个观点，希望能够唤起大学价值的回归。

一所伟大的学校，从来都是与国家和民族的命运休戚相关的，北大就是这样一所学校，北大人就是这样一群有担当的人。改革开放近四十年，北大的发展举世瞩目，北大的未来，基于历史的积淀，更取决于我们今天的选择和努力。

学者就是大学

美国坊间流传这样一则故事。艾森豪威尔将军退役后，曾担任过哥伦比亚大学的校长。在一次诺贝尔奖获得者的讲演会上，他对获奖者说："在众多哥伦比亚大学的雇员中，您能获得如此重大的奖项，学校深以为荣。"在接着的讲演中，获奖者对艾森豪威尔说道："尊敬的校长先生，我们不是哥伦比亚大学的雇员，我们就是哥伦比亚大学！您才是哥伦比亚大学的雇员。"

恐怕没有人考证过这个故事的真伪，但它说明了一个道理：大学是学术机构，学者是大学的基础，只有把学者的创造潜力充分释放出来，才能办好大学。校长不能仅靠命令，还要通过理念和价值观凝聚大家的共识，通过章程和制度规范大家的行为，这是学术领导的基本方式。

有一个同行曾问了这样一个问题："校长最重要的任务是什么？"我说："两件事情最重要，一是聘任最具潜力的学者，营造环境，使他们成长为最好的学者，成为'学高身正'的老师；二是吸引最具潜力的学生，营造环境，使他们成为社会的栋梁，成为对社会有益的人。"这话说起来很轻松，但真正做到却非常难。十几年前，我担任北大常务副校长的时候，听说在美国任教的一位青年学者回国探亲，我就与当时的化学院院长一起，来到沂蒙山区——

他的老家，看望并真诚地邀请他到北大工作。后来，这位学者回到了北大，学术做得非常好，他就是现任化学院院长高毅勤教授。办大学要靠学者。学者的水准就是大学的水准，学者的精神就是大学的精神，学者的人格会直接影响学生的品行素养。因此，选对人是很重要的，这要用心、用脑、用情。

物以类聚，人以群分，只有近者悦，才能远者来。一个单位的学术视野、环境氛围和政治生态，都会影响学者的发展和前途。环境不好，再好的学术苗子，也会凋零，也会长歪。人们常讲，领导就是环境。校长虽然只是一个雇员，但却是学校的关键雇员，院系的领导也一样。我们有责任提供好的生活和工作条件，使大家无后顾之忧；有责任营造宽松自由、团结和谐和公平竞争的环境，使大家潜心学问、专心教学；有责任关心、爱护和指导青年学者，使他们更好、更快地成长；有责任建设好的跨学科生态，激励大家超越局限、超越自己，开辟新领域、挑战新前沿；还有责任建章立制、严格管理，营造风清气正的校风学风。

当与一些青年学者谈起学校时，尽管大家对一些方面不满意，但对北大的学术环境都是非常认可的。还有一些数据也很能说明问题。去年，北大有两位教师当选为美国艺术与科学院的院士，有一位当选为美国工程院的院士，还有一位当选了法兰西院士，另外，还有一批教师获得了重要的国际学术奖项。在过去三届的院士评选中，北大一共有18位教师当选了两院院士，这在高校中是首屈一指的。

学术成就未来

我们处在中华民族伟大复兴的时代。习总书记讲："我们对高等教育的需要比以往任何时候都更加迫切，对科学知识和卓越人才的渴求比以往任何时候都更加强烈。"创建中国特色的世界一流大学，是国家大局，是我们最大的政治责任，也是北大难得的历史发展机遇。我们应当坚定信心，凝心聚力，把北大建设好，使北大真正成为一所伟大的学校。

学科布局定义了大学。一所卓越的大学一定要使自己的学术研究始终处于学术发展的最前沿。"择优扶重"当然是很重要的，但如果过度沉湎于已有的基础，不思进取，可能有一天，你会突然发现：过去的基础，已远离学科前沿；过去的投入，已成为进一步发展的障碍。以交叉学科为重点是北大一直坚持的学科建设方针，目的就是鼓励大家着眼前瞻布局，开展最前沿的学术研究。事实上，在科学与技术快速转化和融合的今天，只有最前沿的学术研究，才能从根本上提升国家的竞争力。只有这样，中国才能真正立足于世界，北大才能真正引领未来，成为世界一流大学。

习总书记讲："只有培养出一流人才的高校，才能够成为世界一流大学。"我们应当时刻牢记，人才培养是我们的核心使命。北大的教育一定要着眼于未来，着眼于国家发展、民族振兴和人类进步对人才的需求。我们不应当因循守旧、墨守成规，而应当不断地挑战自我、超越自我，勇敢地拥抱新技术、迎接新世界的挑战。我们要充分发挥综合性、研究型大学的优势，改革机制和培养模式，调动起院系和教师的教学积极性，激发起学生的学习主动性和创造性，使我们的教育真正成为师生共同探索未知的非凡体验，使我们的学生真正成为能够引领未来的人。

探究真理的学术精神是大学精神的基础，也是社会主义核心价值观在学校中的具体体现。我们要从弘扬学术精神入手，塑造良好的校风、学风。邓小南[1]老师讲过一段话，发人深省，她说："我们的学术应当是有思想的学术，我们的思想应当是有学术的思想。"坚持这样的学术追求，北大就能够产生更多的"新思想、前沿科学和未来技术"，就能够把学生培养成为"引领未来的人"，就能够为国家发展、民族振兴和人类进步做出更大的贡献。坚持这样的学术追求，我们就能够用读书人的孜孜不倦坚守学术良知，用纯洁的学术追求抵御功利与浮躁，用昂然的学术气节荡涤低俗的逢迎与媚俗，用学者的言传身教传递社会主义的核心价值观，用追求真理的学术精神重塑大学的公信力！

我们应当牢记，只有学术贡献才会成就北大的未来！只有弘扬学术精神才能筑牢北大未来发展的根基！只有社会主义的核心价值观才能塑造新一代的北大人！北大是一块学术圣土，是我们的精神家园，我们应共同努力，守护好这个圣洁的学术殿堂。

北大校史馆的大厅里，记载了李大钊先生在北大建校25周年时讲过的一段话："只有学术上的发展值得作大学的纪念，只有学术上的建树，值得北大万万岁的欢呼。"这是前辈的教诲，是北大的使命，也是北大的未来。

---

[1] 邓小南：北京大学历史学系、中国古代史研究中心教授。

矛盾是进步的阵痛

国家已经做出了加快创建中国特色世界一流大学的战略决策，政府和社会公众对北大寄予厚望，我们应当牢固树立政治意识、大局意识、看齐意识和核心意识，团结一心，锐意改革，努力把北大建设成为一所伟大的学校。

过去几十年，北大的发展很快、成绩很大，我们都应当为以往的成就感到自豪！但与此同时，我们也应当看到问题和不足，看到存在的矛盾和困难。我们的主要问题是管理上的松、软、散，致使急功近利、心浮气躁、封闭僵化、小集团利益滋生蔓延，这伤害了学校的文化氛围和政治生态，也影响了学校的发展。

有问题、有矛盾并不可怕，关键是如何面对。如果我们用乐观和发展的观点看待这些矛盾，矛盾就是变革的愿望和要求，若革故鼎新，解决了矛盾，学校就前进了一步。如果用悲观和静止的观点看待矛盾，矛盾就是对变化的恐惧和回避，若因循守旧，矛盾反而会积累、激化，学校就会停滞甚至倒退。

鲁迅先生曾讲："北大是常为新的，改进的运动的先锋，要使中国向着好的、往上的道路走。虽然中了许多暗箭，背了许多谣言；教授和学生也都逐年地有些改换了，而那向上的精神还是始终一贯，不见得弛懈。自然，偶尔也免不了有些很想勒转马头的，可是这也无伤大体，'万众一心'，原不过是书本上的冠冕话。"

鲁迅先生的这番话，虽然过了许多年，依然还是那么深刻和耐人寻味。无论遇到多大的困难，存在多大的矛盾，都只不过是前进路上的阵痛而已，北大总会往前走。

北大永远要做高等教育改革的探路者、先行者！北大人永远要做伟大学校的创造者、守护者！我想，这就是北大，这就是北大人。

关注各方利益需求

　　我们常讲办大学要遵循规律，但在很多情况下，我们并没有仔细考虑教育规律的内涵。大学是一个很复杂的体系，办学规律的内涵也是很丰富的。我们讲"学者就是大学，队伍建设是大学的核心"，说的是学术发展规律。我们讲"教育的核心是调动学生内在潜力"，说的是人才成长规律。大学的生命力源于个人的创造力，办学规律的根本也是人的规律。因此，大学要满足各方利益诉求，激发大家的积极性和创造性，才能实现学校的使命。

一所好大学最重要的特征是什么？我们可能会想到大学排名和数量指标，如论文、经费、获奖等等。实际上，这些都是大学的表象，并不是大学内在的核心竞争力。如果你到一所大学访问，发现学校的师生很专心，很有创造激情，员工都很主动，也很兴奋，这肯定是一所不错的学校。大学师生员工的工作状态是衡量大学的重要标志，工作状态好表明大家的心态是好的，对学校的环境和氛围是满意的。办大学最重要的就是要营造良好的氛围，使每个人的创造潜力都充分释放出来。

关注各方的利益诉求

大学发展的关键是人，能够把人的积极性和创造性调动起来，大学就能办好。学校中有教师、学生和各类工作人员等不同群体，还有院系、机关、后勤等不同机构，大家的专业方向不一样，担负的责任和任务也不同，想法和诉求是很不一样的。大学的管理者的责任就是平衡各方的利益诉求，调动各方的积极性，并引导大家共同实现学校的使命和任务。

平衡各方的利益诉求，首先要靠制度。制度是对学校价值底线的界定和规范，要通过严格执行制度，规范大家的行为。大学最基本的价值在于学生的健康成长，这是学校一切工作的根本，学校中的每一个人都应遵守这一基本价值。学校的另一个重要群体是教师。教师是学校最基本、最核心的群体，学校的建设和发展都是围绕教师展开的，都是要使教师心无旁骛、安心学问、静心教学。院系等学术机构是实现大学使命和任务的基础，学校要尊重院系在学科上的差异性，院系也应当遵守学校的基本价值要求，共同实现学校的核心使命和任务。作为大学的管理者，我们必须学会换位思考。要真正理解大学中各个群体的内在利益诉求，通过合理的制度机制，通过传播和弘扬大学的精神和价值观，平衡各方利益诉求，激发教育情怀，实现学校的使命和任务。

学者的感受

学者最关心学术发展。优秀学者永远是稀缺资源，要成为一所杰出的学校，必须聚集最优秀、最具发展潜力的学者。一个学者为什么选择北大？我想并不是北大的校园美，也不是交通方便，而是认为北大能够为他的学术发展提供最好的发展机会。北大的学术发展条件总体上是很好的，我们有宽松自由的学术文化，社会声誉也很好，这方面我们还是有信心的。

一个学者如何感受学校的学术环境呢？首先是与什么样的人一起工作。本质上讲，一个学者感受的学术环境就是他周围的人，与他共事和合作的人。如果周围的人都很优秀，也愿意合作、交流和提供帮助，他的学术环境就很好。因此，一个学者的学术环境是与周围人的优秀程度、学科背景、合作精神和制度体系密切相关的。当然，也是与学者本人的学术和为人密切相关的。大学的教师队伍建设，一定要考察教师的学术背景和合作精神。我们有一些院系，教师的学科背景都很相似，相互之间不仅无法合作，还会产生资源上的竞争，这是非常不可取的。

学校的人才竞争力是一个综合能力，涉及学校中的每一个人，大家都应当尽责尽力。北大的教师都很优秀，他们并不惧怕学术和工作上的困难，并会为学校的发展注入无限的能量和巨大的资源。但优秀的人才是稀缺的，是流动的，"良禽择木而栖"，想要聚集最优秀的教师，我们必须要营造良好的学术和人文环境，只有真正使"近者悦"，才能让"远者来"。

学者会从学校提供的生活和工作条件，感受学校的关注和重视程度。过去新聘任的教师不能直接成为博士生指导教师，这对青年学者的学术发展是很不利的，是伤害学校的人才竞争力的。学校的管理和服务也是环境的重要组成部分：如果学者们在学校经常遇到不友好的人和烦心的事儿，是无法安心做好学术和教学的。因此，我们的管理制度要有非常清晰的价值导向，要为教师的学术发展服务，要为学生提供更好的学习和成长体验。

院系的关注

院系是学校最重要和最基本的学术组织，承担着学校的核心的使命和任务，但院系也会有自己的利益诉求。

院系关注自己的学术声誉，希望成为最好的学术机构，这种愿望是院系开展学科调整、学术研究和人才培养的内在动力。院系更关注本领域学术人才的培养，这表现在一些院系比较关注研究生教育和专业课教学，但对本科生教育和学校的通识课教学就不那么关注了。

很显然，院系的有些行为与学校的期望和要求并不完全一致，学校要在人事政策、资源配置等方面，引导院系遵循学校的要求，坚守基本价值，做好各项工作。另外，院系都会希望在学校的资源中占据更大的份额，如更多的教师、学生指标，更大的工作空间，更多的资源投入等等。对学校而言，资源是有限的，学校要根据整体发展需要配置资源，以保障学科布局和发展的均衡和合理性。有一些领域社会需求旺盛，院系对社会服务和获取社会资源积极性很高。服务社会是大学的社会责任，是很重要的，但人的精力毕竟是有限的，过多的社会服务会影响学校的核心使命，这也需要从政策上加以调控。

学校与学生

学生培养是学校的核心使命，是大学存在的理由和价值，也是学校长远声誉的最主要来源。要培养优秀人才，就要聚集最好的学者开展最前沿的学术研究，就要为国家和社会发展提供高水平人才和学术支撑，这是大学的职能和逻辑。

学生期待在大学中得到最好的教育、最好的学习和成长体验，这也是学校的追求。北大学生是一批最具潜力的青年人，他们期待着学业上和人生的挑战。我们应当让最优秀的教师指导和关注学生，使大学的学习成为师生共同创造、共同探索未知的人生旅程。我们应当为学生提供更好的学习和生活环境，使他们在一起生活和学习的过程中，相互学习，相互帮助，培养学生的团队精神和协作能力，使他们成为各项事业的骨干和领导者。我们要为学生提供更具挑战、启迪智慧的成长体验，使他们沉浸在思索、探究、交流、创造的氛围中，丰富知识、增长才干，使他们真正成为能够引领未来的人。

院系、教师与学校的利益诉求侧重不同，但都是学校发展的重要组成部分。学校要努力为学者提供更好的学术发展条件，使他们更快成长；学校要为院系提供更好的环境，简政放权，鼓励院系大胆探索，释放院系的创造潜力。我们应当明白，院系和教师是学校的主体，只有把院系、教师的利益诉求纳入到学校发展的目标中，才能调动起教师和院系的积极性，才能实现学校的使命和目标。当然，学校一定要始终坚持自己的核心使命，通过综合施策，引导院系和教师牢记育人使命，做好各项工作，努力为学生提供更好的教育、更好的成长体验，使他们真正成为社会主义的合格建设者和可靠接班人。

职能部门不能有私利

职能部门是学校的具体责任机构，代表学校行使职权，也代表了学校的利益诉求。从这个意义上讲，职能部门是不能有自己的利益诉求的。职能部门掌握着学校的某些资源，如果把这些都看成是部门利益，那学校就会乱套了。大家设想一下，如果管干部的用职位做交换，管人事的用编制做交换，管学生的用指标做交换，管房子的用出租换取利益，那学校会是什么样子？职能部门每天都要直接面对各种复杂而具体的问题，大家既要坚持学校的制度规范，保障学校的整体利益，还要服务好师生，调动师生的创造潜力，实现学校的使命和任务，这是一件很不容易的事情。

我们常讲，职能部门既是学校的"五官"，要帮助学校收集信息，参谋决策，也是学校的"四肢"，要把学校的各项措施和决定落实下去，责任是很重大的。我希望，职能部门更多地关注院系，帮助他们解决发展中面临的实际问题；更多地关注教师，将心比心，设身处地为教师着想，解决后顾之忧，使他们能够全身心投入到学术研究和人才培养工作中；更多地关注学生，主动作为，努力改善学生的学习和生活体验，使他们健康成长。职能部门之间也要紧密协调配合，主动和创造性地开展工作，共同努力把学校各项工作做好。

当然，学校的每一个工作人员都可以有自己的利益诉求，学校也要考虑这些诉求，不断改善大家的工作和生活条件。但这是个人的诉求，不是部门的诉求。利益诉求上的思想混乱是管理混乱的根源。部门利益会使一些人只关心与自己利益有关的事情，对学校发展漠不关心，给其他部门的工作设置障碍。我们还常常会遇到一些"刷存在感"的现象。对院系和其他部门的工作，下车伊始，指手画脚，但从来没想过要帮助做点什么，或担负起什么责任。实际上，这些都是部门利益的思想在作怪。当然，部门利益产生的根源是学校不合理的管理机制。我们要建立既激励大家热情工作，又保障学校整体利益的部门管理机制，使大家安心本职、热心服务。

大学之道的根本是"人"，大学管理者最重要的职责就是做好"人"的工作，调动起"人"的积极性和创造性。学校中的教师和学生是最核心的两个群体，院系和部门都要为教师和学生提供周到和专业化的服务。大学要面对不同的利益诉求，我们必须平衡好教学与科研的关系、个人发展与学校使命的关系、有所为与有所不为的关系、学校核心使命与外延服务的关系等等。平衡利益诉求，既要靠制度和规范，也要设身处地、换位思考；既要遵循规律和大学逻辑，又要善用人文情怀、责任担当。这就是大学管理的复杂和困难之处，也是大学管理的美妙之处。

6

利益冲突

人们的诉求不同，必然会有利益冲突，这是社会常见的现象。作为高度依赖个人创造性的学术机构，大学中各群体的利益诉求更多样，也更复杂。管控利益冲突是大学管理的核心内容之一。人才培养和学术研究是大学的核心使命，也是我们管控利益冲突的原则和底线。个人与集体、局部与全局、近期与长远等等，都可能成为利益冲突的原因。建立公正合理的制度体系、保护个人的积极性和创造性、合理管控可能的利益冲突，是保障中国大学的持续和健康发展的需要。

大学是高度依赖师生创造性的学术机构，学校必须要保障各个群体的利益诉求。但这只是问题的一个方面。实际上，每个人都会有自己特殊的利益诉求，当这些个人的诉求与学校或集体利益不一致时，就会出现利益冲突。

学校中个人的任何行为都不能损害学校、群体或他人利益，当然更不能损坏国家利益和社会公德，这是学校制度体系的基本原则。

核心利益

斯坦福大学是美国新崛起大学的代表，对硅谷的出现和发展都起到了非常大的作用。一次与斯坦福大学负责学术事务的副教务长聊天，问及教师办企业的政策。我原以为斯坦福一定有很多倾斜措施，她的回答却很出乎意料。她介绍说，斯坦福允许教师办企业，但不能承担企业的实际管理。如果教师一定要亲自管理和运营企业，可以利用学术休假。同时，学校还有明确的规定，学校任何设施和条件都不得用于商业目的。她认为教学和学术研究是教师的基本职责，也是学校的核心利益，教师是学校的全职雇员，不应当从事任何可能与学校利益冲突的事情，这是学校的基本原则。这些制度的目的就是使教师的精力主要放在学校教学和学术研究工作上。事实证明，这并没有妨碍教师创业，斯坦福大学的不少教师都有自己的创业企业，有的还不止一个。

20 世纪 90 年代初，中国曾兴起了一股大学创业热潮。北大推倒了南墙，招商引资，鼓励院系和教师创办企业。当时，中国三处于商品短缺时代，校办企业做什么的都有。我记得，北大化学院有一个企业，专门从事虾饲料和食品添加剂的研究，还有一个企业出售汽车防冻液。重庆大学的一个校办企业生产火锅底料，可以说是五花八门、各显神通。然而这股创业热潮并没有持续多久，没有自己的核心技术，显然是不可能持续的。但这股办企业的热潮，对大学的伤害很大，且不说投入的人力物力如何，由此滋生出的逐利风气，二十多年一直不曾散去，直到今天还影响着很多学校。

人们一直批评大学的很多科研成果被束之高阁，没有转化和实际应用，所以很多人认为大学应当制定更多倾斜性政策，鼓励教师创办企业，促进科技成果的转化。人们这些批评是有道理的，中国大学的科研成果转化的确做得不好，与世界大学的差距也很大。但我认为开的药方并不准确，我们现在的问题是缺少原创性的、在市场上真正有竞争力的科研成果。国家或学校应当完善科技成果转化政策，营造更好的环境和生态，促进科技成果转化，但更重要的是需要营造良好的学术氛围，使教师心无旁骛地做好自己分内的事情。大学最重要的使命是培养人和研究学术。北大的核心使命是培养能够引领未来的人，产生能够影响国家发展和人类进步的新思想、前沿科学和未来技术，这也是我们的核心竞争力和核心利益。同时，基础研究是科技成果转化的学术基础，一旦学术研究取得真正突破，科技成果转化就成为顺理成章的事情了。

管控利益冲突

管控利益冲突是大学管理的重要内容，也是每个教师和工作人员应当自觉遵循的基本理念。这里有两点需要申明。首先，这里涉及的主要是个人与他人、与集体或与学校之间可能的利益冲突。实际上，大学非但不排除个人的利益，而且还认为教师对学术发展的诉求与学校根本利益是一致的。管控利益冲突就是要把各方利益诉求都限制一个在合理的范围之内。第二，这里涉及的利益冲突主要是在道德层面。为了防止可能出现的不公正现象，学校需要采取一些必要的预防措施，这与违反纪律和法律法规是完全不同的。违背了避免利益冲突的规定，并不意味学校的利益受到了实际的伤害，人们的行为是否违反学校纪律或法律法规，是需要专门机构进行更深入调查的。

大学的核心使命是人才培养，这也是学校的核心利益所在。

教学是教师的首要职责，教师应当恪尽职守，齐心协力，指导和帮助学生健康成长，不能以任何理由损害学校的核心利益。教师是学校的主体，学术研究是学校的重要使命，也是学校学术竞争力的集中体现。构建高水准的教师队伍，产生更多能够影响国家发展和人类进步的新思想、前沿科学和未来技术，这是学校的核心利益。学校各部门要精心维护良好的学术环境和氛围，坚决反对任何伤害学校人才竞争力的言论和行为。

为防止可能的利益冲突，学校应当建立起相应的防范制度。例如，在决定与自己或有一定关系的人的相关事项时，应当采取回避措施，以避免可能的利益冲突。另外，学校中的师生关系并不是一种平等的关系，教师掌控了一些资源和权利，有可能会干涉和影响学生的学习和生活。因此，教师在处理与学生的关系上，应当特别注意避免任何可能引起非议的言论和行为。最近社会上流传着一些教师骚扰学生的指控，无论是否真实，都说明学校在管控师生利益冲突上的制度缺失。前一阶段，也有一些关于研究生在教师的公司中实习和工作的传闻，这显然也违背了利益冲突的原则。师生关系是学校最重要，也是最基础的人际关系，学校应当建立更清晰的规范，防范可能的师生利益冲突。

维护学校核心利益是管控利益冲突的核心。在很多情况下，学校中的利益关系是比较复杂的，需要谨慎处理和应对。例如，教师的某些活动可能对提升学校声誉有利，但如果这些活动妨碍了教师履行教学责任，也应当制止或以适当方式进行管控。教师的科技成果转化和创办企业就是这样的例子。从宏观看，科技成果转化不仅利国利民，还有可能提升学校声誉，并为教师带来一定的经济收益。但如果教师的这些活动影响了教学，是不允许的，因为这涉及学校最核心的利益。在实际管理工作中，学校应要求教师做出恰当安排，以保证学校和学生的利益不受伤害。院系等利益主体也会有利益诉求和相应的管控措施。例如，很多商学院都会禁止教师为有竞争关系的其他学校上课，学校也会坚决反对院系为追求经济利益而举办与本专业毫无关系的课程班，或以赢利为目的出租院系的设施等，这些都会损害学校和学生的长远利益。

知识传播方式的挑战

信息技术和互联网改变了知识的传播方式，也改变了人们的学习和生活方式，这对大学的一些核心职能产生了深刻影响。

最近，有一位教师在付费网络平台上开设讲座，吸引了很多听众，从而得到了一定的经济利益。这种模式广泛传播了知识，既满足了社会公众学习知识的需求，又获得了适当的经济回报，实现了知识的价值，看起来应当是一件好事情。对于这样一个新生事物，我们要认真分析，评估对学校核心利益可能的影响，制定出相应的管理措施，避免可能的利益冲突。

从属性上看，这是一种以赢利为目的的商业行为，互联网将知识变成了商品。这种商业性授课行为既不同于公益性的教育，也不同于院系组织的教育培训，更类似于科技成果转化和创办企业。

　　科技成果转化是基于教师的学术研究，只有当人们创造出具有市场应用价值的知识，才能进行科技成果的转化。而知识传播是教师最基本的技能，原则上讲，任何教师都有能力从事这种商业性授课活动，因而潜在影响更大，如果处理不当，可能会冲击学校的正常教学科研活动。虽然到目前为止还只是个案，但已经在教师中产生一定影响了。

　　学校对教师校外活动的时限有明确规定，对教师的年度考核已很严格，但教师的评价标准是柔性的，在实际管理中，也很难界定教师工作投入的程度。因此，对于教师的商业性授课行为，学校不应支持，而要从严把握，避免个别教师为追逐经济利益而影响本职工作。院系也要加强教师的管理和评价，及时制止任何伤害学校核心利益的行为。院系不应当从中获取经济利益，因为这会变相鼓励这种行为，是与院系的监管责任相冲突的。

7

环
境
是
周
围
的
人

很多中国的大学都有雄心勃勃的计划，要成为世界一流大学。这种信心和气魄的确是很令人赞赏和高兴的。但要发展得比别人更好更快，需要有更好的学术环境。这样才能聚集最优秀的人，才能让教师实现学术发展理想，让学生更好更快成长。环境到底是什么呢？我想，不是别的，是周围的人，是周围的学科布局。我们营造良好的环境，就要按学科布局需要，聚集最优秀的人，形成良好的体制机制，使他们都能够发挥出创造潜力。

伟大的大学与平庸的大学只有两个区别，一个是能否聚集最优秀的教师和学生，另一个是能否使他们的创造潜力充分发挥出来。实际上，这两个问题都可以归结到学校的环境和氛围。学校的环境和氛围好，最优秀的教师和学生自然会聚集过来，学校也就会蓬勃发展。

环境是周围的人

我们说到环境，实际上是指教师和学生感受的氛围，包括学校硬的和软的环境。硬的环境是与经费投入相关的，当然也要有好的理念和设计。过去一些年，中国大学的校园建设发展很快，硬件条件有了很大改善，即使有一些不足，也是可以逐步改善的。而软的环境的改善更困难一些，这也是大学能否发展好的最重要因素。

教师所感受的环境主要是人和制度，制度也是人制定的，因此，说到底，环境就是周围的人。教师会受到哪些人的影响呢？我想应当包括学校、院系和部门的领导，以及他周围的其他学者。学校中各个机构的领导当然很重要，人们常说"领导就是氛围"，讲的是领导可以决定制度和政策导向，这也决定了学校的整体环境和氛围。现在我们正在进行综合改革，其目的就是建立更加完善的体制机制，营造更好的环境和氛围，使学者的创造潜力充分迸发出来。学校大环境的改善需要持续不断的努力。学校的大环境是边界条件，并不是对学者的发展影响最直接和最大的因素。

教师感受最深、受影响最大的实际上是他周围的人。因此，他周围的人构成了他所处的环境。当然，反过来也是一样的，他也构成其他人的"周围环境"。但是，并不是所有周围的人都能成为他的环境，只有能够产生影响的人，才能构成环境。我们来看看，一个优秀学者希望有什么样的环境。优秀的人总是希望与更杰出的人为伍，希望与愿意沟通交流的人为伍，这样才能得到学术上的帮助，才能更快地成长和进步。从学科角度看，优秀学者希望周围的人有共同的学术兴趣，但要有不同的学术背景，这样才能产生思想碰撞，才能在学术研究上相互合作、取长补短、共同进步。如果周围的人学术背景相似，不仅无法合作，还会产生不必要的内部竞争，这就不是一种好的环境了。

学者所处的环境不仅取决于周围的人，还取决于他自己。一个愿意交流，并愿意帮助别人的学者，总是能够聚集更多优秀的人，他从环境中得到的回馈也就越多。因此，即使在同一个学校工作，不同学者所处的环境是不一样的，这取决于他对别人的态度。

学科布局很重要

大学中的院系通常是按学科设置的，如果教师聘任没有把好关，院系中教师的学术背景比较接近，就会对院系的学术环境造成损害，这对院系的发展是很不利的。很多大学都严禁学术上的近亲繁殖，这是有道理的。很久以前，我们曾聘任了一个很优秀的青年学者。几年之后，他的导师又推荐了一位他认为更加优秀的，但被学院坚决地否决了，因为同门师兄弟在一个院系，必然会有内部竞争。实际上，在同一个院系的学者是很少合作的。尽管专业可能不同，但大家的学科背景和思维方式是很相似的，相互之间缺乏互补和借鉴意义。

过去一些年，北大组建了若干以学术问题为导向的跨学科研究机构,如从事退行性疾病研究的分子医学研究所、生物动态光学成像中心(BIOPIC)、脑与神经科学的研究所等。在选聘学者时,这些机构都很注重学者之间的协同和配合,也鼓励大家与其他机构的学者合作。因此,这些机构中的学者学术发展都比较好,也比较快。

最近,人们开始讨论一个问题:如何更合理地设置大学中的学术机构?坚持按传统学科设置机构的人,认为现有院系设置有利于专业教学和人才培养,应当坚持。而持不同意见的人,认为跨学科的学术机构不仅有利于学术发展,也有利于学生接受跨学科思维的熏陶。近年来,科学和技术的发展很快,涌现出了很多新技术和新兴领域,这将会对一些传统学术领域产生颠覆性影响。例如,智能医学系统不仅会改变临床医学的构架,也会改变医学的教育模式。这些新兴领域都需要跨学科的学术研究和人才培养,这也是学校学科布局需要考虑的。澳大利亚有一所学校,将很多传统院系重新组合成面向重大问题的研究机构,而把传统学科作为虚拟的网络。这是世界上少数对学术机构进行彻底变革的学校,到底效果如何还有待未来评判。

学术机构设置调整的最终目标是营造能够激发学者创造力的跨学科环境。在通常情况下,没有必要颠覆原有的院系体系,而应当把注意力放在让不同学科学者一起工作的机制上。有几方面问题一直是大家争论的焦点,应当认真加以解决。学者兼聘要充分考虑各单位的利益诉求,建立知识产权、文章署名等方面的规范,调动机构的积极性。要建立公共平台,使不同学科的学者和学生能够在一起工作和学习。目前,学校和各医院的空间资源都比较缺乏,要设法在医院附近拓展空间,建立学术研究平台。另外,要真正建立起高水平的临床研究体系,要从体制机制入手,调动医院的积极性,使北大的医院真正成为专注疑难病症的、高水准的临床学术和医疗机构。同时，我们仍然需要在一些重要领域建设跨学科研究机构，解决国家发展中面临的重大基础性学术问题。

大团队还是小队伍？

北大的学科比较多，设置还是比较均衡的，但科研的团队规模通常都比较小。这种科研模式对发挥学者个人积极性是有利的，但很难在短期内产生有重大影响的研究成果。一般地说，国家重大应用性研究需要规模较大的研究团队，我们在这方面是比较弱的，很多年都没有获得国家的重大奖项了，这与我们的科研模式有一定关系。最近，校内就这个问题有一些讨论。一些人认为应当组织大团队，把精力放在解决国家重大问题上。另一些人则认为，北大还是应当聚焦学科前沿，只有在学科前沿取得突破，才能产生对国家发展产生重大影响的成果。双方各执一词，也都有一定道理。

实际上，学校科研体系选择要考虑三个因素，一是要有利于学者的学术发展和人才培养，使学者和学生的学术潜力都释放出来，这是学校可持续发展的根本保障。二是要有利于产生更多影响国家发展和人类进步的新思想、前沿科学和未来技术，这是科研体系调整的依据。三是要为国家发展提供有力的学术和人才支撑。

北大以基础研究见长，学术研究的重点是最前沿学科领域。因此，并不适宜按传统工科学校的模式，组织很大规模的研究团队。这种方式有利于目标明确的应用性研究，与北大的学术定位并不契合。我们的科研体系首先要保障学者的独立性，使他们能够开展兴趣导向的探索。与此同时，我们也必须关注国家的重大需求，可以通过建立学者之间合作机制的方式，以重大问题为导向形成团队，共同解决国家面临的重大问题。因此，北大的学科布局应当是网络状的。院系作为学者的主聘单位，每个学者都应当在院系承担教学任务和院系发展责任。我们还应当组建跨学科的研究机构和平台，使教师和学生在跨学科环境中学习和工作，以提升学校的整体学术竞争力。

放与管

新时代，学校建设的目标更加清晰，改革发展的任务也更重了。要真正走到世界一流大学的前列，需要我们更加注重内涵建设，建立起高效的管理体制，最大限度地释放学者和学生的创造潜力。

"放与管"永远都是让人纠结的矛盾。在大学中，学者的积极性和创造性是根本。要释放学者的潜力，就要给予更大的学术研究自由，这是大学的根本属性决定的。同时，聚焦学校使命、实现学校发展目标也是非常重要的，是学校的大局。因此，大学还是需要"管"的，但学校不能靠命令，而是依赖价值引领、制度规范和资源政策调控。把握好"放与管"，对营造良好的学术环境和氛围是很重要的，决定了学校或院系的发展状况。

学校的根本价值是培育人。要使全体教职员工都清楚地了解学校的根本价值，还要通过制度规范，确保不偏离根本价值。大学的根本动力源于学者的创造力，学校的学科设置、资源政策要有利于学者学术发展。当学者都能实现学术理想，学校就能聚集更多优秀学者，实现学校的使命和发展任务。因此，使学者和学生发展得更好，是学校管理的基本原则，也是处理好"放与管"关系的根本。

这是我们每个从事大学管理的工作人员务必牢记的。

中国的发展为大学提供了一个难得的发展机遇。一方面，中国发展提出了很多重大的、世界性的学术问题，如果我们能够解决这些问题，将是对人类的重大贡献。另一方面，中国发展为大学提供了更多资源，这也是很多其他国家的大学梦寐以求的。但是，这些机遇和资源并不是自然而然就能变成学校竞争力的。我们应当树立急迫感和危机意识，不能沉湎于过去的辉煌，而是要总结和反思过去的经验教训，转变观念，仅仅靠着旧地图，可能永远也找不到新大陆。我们应当登高望远，看清楚未来发展的方向，看清楚国家、社会、教师和学生的长远需求，不断探索、不断革新，勇往直前，走出一条自己的路。未来的北大，必须实现从学习到超越，从跟踪到引领的转变，成为一个更加开放的北大，更加有效率的北大，更能够坚守价值的北大，也更有创造力的北大。

8

教育发展之路

现代大学教育起源于西方，在中国只有一百多年的历史。我们先是学习和借鉴西方教育的经验，后来又按照苏联模式进行了改造。21世纪初，国家开始实施创建世界一流大学的计划，激发起了国人要办最好高等教育的雄心壮志。好的教育一定应当是符合国家实际情况的教育。因此，除了要学习和借鉴他人经验，最终还是要走出自己的教育发展之路。

20世纪50年代初，中国进行过一场影响深远的教育变革。为尽快培养国家急需的专门人才，我们借鉴苏联的教育模式，对全国高等教育进行重新布局和调整，几乎所有大学都成为了专科性的学校。当时国家实施计划经济，并希望尽快实现工业化，要求培养能够满足专业岗位要求的学生，因此，大学本科教育是高度专业化和职业化的。十年"文革"期间，大学停滞。自恢复高考至80年代末，原有教育模式重新启用。但从90年代初开始，一场从计划经济向市场经济转型的巨大社会变革，彻底动摇了高度专业化教育的社会基础。当时，北大提出了"加强基础，淡化专业，因材施教，分流培养"的基本方针，试图通过加强专业基础、拓宽专业方向，使毕业生更好地适应多样化的市场需要。大学的这种被动适应局面，直到21世纪初才有所改变。

创建世界一流大学计划的实施，促使大学认真思考教育的真正意义。我们不应仅仅适应社会眼前的需要，还要有更长远一些的使命，守护和发展人类文明，培养能够引领未来的人。

教育改革的探索

21世纪初开始的这场教育改革，也是从学习和借鉴开始的。为理清教育改革方向，北大很早就建立了"本科教育战略研究"小组，考察欧美教育模式，总结教育的发展历程和经验教训，分析社会的未来趋势，明确了北大本科教育的定位和目标：提出在低年级实行通识教育，高年级实行宽口径的专业教育，推进学习制度改革，实行在教学计划和导师指导下的自由选课学分制。这是一场大学教育的深刻变革，不仅改变了教育的模式，还涉及教育观念、管理体制、资源配置等方方面面。我们采取了比较稳妥的策略，先在较小范围试行，积累经验，条件成熟再在全校推广。学校实施了元培计划，也就是现在的元培学院。十多年来，元培学院在低年级进行通识教育，二年级确定专业方向；压缩专业学分，鼓励自主设计培养方案，给予学生更大的自由发展空间；对学生进行全过程教学管理，实行住宿学院制，配备学业导师；组织和建设新的跨学科专业方向等等，进行了大量卓有成效的探索。元培计划激发了学生的创造潜力，调动了学习的主动性，这具有划时代的意义。同时，学校以元培学院改革为切入，明确了北大教育改革的方向和策略，因此，可以说元培学院这十多年的改革实践是我们最宝贵的财富，将为北大本科教育改革，甚至中国高校教育改革做出巨大贡献。

过去十几年，国内各学校都在开展本科教育改革。复旦和浙大设立了本科生院，在全校范围内实行低年级通识和专业基础教育，高年级进入专业学习。南京大学的"三三制"改革，将本科教育分成大类培养、专业培养和多元培养三个阶段；多元培养阶段分为学术、交叉和就业创业三条路径，为学生提供更多的选择和更大的自由发展空间。各学校教育改革的侧重点不同，但着重点主要还是放在专业教育上，试图通过给予学生更大的自由选择空间，释放学生的潜力。

尽管各个学校本科教育改革路径不同，但总体上都在试图通过加强通识教育模式改变过去过度专业化的状况。中国的专业教育传统是非常强大的，院系和教师都习惯性地把学术型人才作为主要目标，因此，更加注重专业知识结构的完整性，而对学生的个性发展和成长关注不够。这种强大的专业教育观念使通识教育难以短期见效。而且，一段时间以来，学校关注科研，对教学文化的倡导不够，这也使教师很难把精力集中到教学和学生身上。这些都已经远远超出了教学管理范畴，因此，教学改革仅仅靠教学管理部门，或仅仅改变培养模式是很难取得成效的，必须进行综合改革。我们既要学习和借鉴国外的经验，更要立足中国实际，有针对性地突破发展瓶颈。

多样化的本科教育体系

在北大综合改革方案中，把本科教育作为重中之重，但教育改革能否见到成效，关键在于教师的积极性是否能够动员起来，在于学生的潜力是否能够发挥出来。我认为，在今后相当一段时期内，北大应当坚持按学科大类招生，坚持由院系实施学生管理的基本格局。在目前的环境下，这种管理模式有利于使院系更加关注学生的成长。但这还不够，还应当从体制机制建设入手，加强院系和教师的责任意识。最近，学校开始在全校范围内实施自由选课和学部内自由转专业。给予学生更大的自主选择空间，增加学生的流动性，不仅调动了学生的学习主动性，也使部分院系感受到了危机和压力。很多院系动员优秀教师担负起低年级教学任务，要求教师加强对学生的指导，显著改善了学生的学习体验。目前，学校正在规划和推进资源配置改革，将建立起根据教学状况配置院系资源的预算体系，从体制机制上推动"重视教学，关注学生"的教学文化。

北大改革的基本方向是建立起通识教育与专业教育相结合的教育体系，这既符合人才成长的规律，也是基于中国环境和北大实际做出的判断。学科丰富、跨学科合作氛围浓厚，是北大的特色和优势。除了提供高水准的传统专业方案之外，可以利用多学科优势，建立更多的跨学科培养项目，为学生的个性化发展提供广阔空间。卓越大学教育最重要的特征就是能够激发学生的学习兴趣和创造潜力，而多样化和个性化专业培养方案是激发学生兴趣的基础，这是一条主线，专业教育改革要围绕这条主线展开。

尽管北大的学生都很优秀，但大多数同学在入学时，对专业方向的认识是模糊的、不清晰的。因此，一年级是最关键的阶段，要帮助学生做出理性的选择，真正找到内心的兴趣和志向。专业教育面临的另一个问题是过度强调知识体系的完整性，专业课程过多过重。我们应当大力精简专业核心课程数量、更新和精选内容、改革教学方法等，使专业核心课真正成为精品。这是一项非常重要的基础性工作，对实现学生个性化培养意义重大。与此同时，我们要建立本科生导师制度，加强对学生的学业指导；要改进学生评价体系，设立荣誉学位和荣誉课程，改进平均成绩点数（GPA）核算方式，引导学生合理规划个性化学习计划，鼓励学生参加学术研究活动和社会实践活动；要改进教师教学评价方式，引导教师改进教学方法等等。

通识教育改革的瓶颈

　　中国大学通识教育的基础比较薄弱，不仅经验的积累和教师的准备不足，甚至对通识教育的内涵和作用还有很多争议。在很多大学的本科教育中，通识教育至多还是配角，或者只是用一些导论课程拓展学生的知识和素养，因此，中国大学的通识教育改革任务是比较重的。《礼记·中庸》讲："博学之，审问之，慎思之，明辨之，笃行之。"古人一贯认为博学多识就可达到出神入化、融会贯通的境界。因此，通识教育的一项重要任务是拓展学生的学识。人文社科的学生应当具备基本的科学和技术素养，理工医的学生应当加强艺术、人文和社会科学素养。而且，在全球化的背景下，只有对东西方文明的发展历程有比较深刻的理解，学生才能从容地面对未来的挑战。当然，仅有知识是不够的，要培养学生的思辨能力，要通过学习、思考、批判和扬弃，使人类文明的精髓内化于心、外化于形，养成独立人格，树立正确的价值观。因此，通识教育应当更重"育"而非"教"。

我们目前的通识教育课程仍以通选课为主，主要作用还是拓展学生的知识面。最近，学校陆续建设了一批通识教育核心课。但总体来看，课程数量还比较少，远不能满足全校学生选课的需要。北大通识教育改革可从两个方面入手。一方面先在元培学院进行通识教育体系建设的试点。元培学院的学生数量不多，我们可以集中优秀教师，设计和建设较完整的通识教育课程体系。既要组织一批资深教授，建设好一批优质通识课程；也要组织好青年教师队伍，形成一支热心教学的青年教师团队。另一方面，通过资源配置机制改革，鼓励院系为学生开设通识教育课程，为其他院系的学生提供更好的课程。

本科教育是大学的基础，也是牵涉面最广、最重要和最困难的一项工作。科研是以教师兴趣为基础的，而教学涉及"教"与"学"两个方面，既要调动教师的积极性、学生的主动性，还要两方相互配合、相得益彰。目前，我们国家进行的这场本科教育改革，可能是中国教育史上最具进取心的一次改革，气魄很大，目标也很宏伟，各学校也很用力，但要实现改革目标，真正提高人才培养质量，还需要认真总结我们自己的经验，真正制定出符合中国实际的教育方案，走出一条自己的教育改革发展之路。

9

守正与创新

　　离开了北大一段时间，又重回燕园，使我得以从外部视角看北大。北大是中国大学中思想最为活跃、文化积淀最为深厚的高等学府，也是最有望成为世界一流大学的中国名校。北大的问题不少，人们的想法很多，管理起来比较困难。但北大的反思精神还是很强的，看得总是比别人早一些、远一些，也不回避问题，危机意识和批判精神都比较强，这对学校的进步和发展是很重要的。

从 21 世纪初开始，人们开始认识到高等教育对国家发展的重要意义，提出创建世界一流大学的战略，激起了新一轮大学发展热潮。大学合并、校园拓展、扩大规模、提升教育竞争力等等，中国高等教育经历了一场前所未有的革命。

守正创新，引领未来

知识经济、全球化、信息技术正在快速改变着世界。世界在变，中国在变，大学也在变。大学的职能从单纯地传承人类知识，到学术研究、创造新知和服务社会。在变化的世界中，大学既要主动迎接变革，适应和引领变化，也要坚守核心使命，遵循教育规律，守住价值底线。大学只有坚守正道，才能实现真正的创新，只有守住价值底线，才能引领未来。

过去二十年，北大的发展势头是比较好的。学术队伍水准大幅提升，教育改革稳步推进，学科的整体布局基本形成，前沿和交叉领域发展势头很好，学校的基础条件也得到了显著改善。但一些矛盾和问题也逐步显现出来。例如，随着人事制度改革的进行，新老人事体系之间的矛盾和差异更加明显。本科教育改革取得了一些很好的进展，但教师和院系的教学积极性还不够高，这个问题不解决，教学改革很难实现突破。研究生规模增长速度过快，规模、结构、质量是研究生教育改革的重点，但规模控制的阻力很大，必须通过资源配置改革来推动。另外，学校的风气也存在一些问题。有些人意志衰退、精神不振，个人和小集团利益至上，功利风气盛行；还有一些人因循守旧、得过且过，忘记了学校的根本价值是培养人，不顾师生诉求，不思进取、推卸责任，阻碍了学校的健康发展。

"人才培养是大学的核心使命""学者就是大学""管理工作的目的是释放师生的创造潜力"等等，这些都是大学最基本，也是最重要的价值理念。偏离了这些价值理念，我们就会忘记大学的初心和使命，不良社会思潮就会侵蚀大学的精神和文化根基。人们在遇到问题时，就会忘记师生利益和学校使命，矛盾就会聚集发酵，各种问题也就层出不穷。

作为中国最好的大学之一，北大应当引领中国高等教育的发展方向。我们必须坚守大学的核心使命，大力推进教育教学改革，建立适合中国国情的教育体系，启迪学生智慧，为国家培养能够引领未来的人。我们必须营造良好的环境氛围，激发人们的创造潜力，产生更多能够推动国家发展和人类进步的新思想、前沿科学和未来技术，在推进中国政治、社会和经济发展、拓展人类知识边界上有所作为。我们必须传承和弘扬中华文化，摈弃各式各样的不良风气，重塑大学的公信与尊严。

坚守正道

要成为一所伟大的学校，必须要坚守正道。守正就是要坚持核心价值，坚持核心使命，使大学真正成为人类文明的灯塔，成为弘扬社会主义核心价值观的重要阵地。

驻足凝望历史，我们应当为中国大学对国家、民族和人类的卓越贡献感到自豪，为它所积淀的雄厚学术基础充满自信。但我们也应当看到，大学正面临前所未有的挑战，既要面对科学技术快速发展而产生的人文精神缺失，也要应对功利主义造成的公信力危机。当急功近利、好大喜功、媚俗畏权在大学校园内蔓延的时候，坚守道德和价值底线，坚守正道，弘扬社会主义核心价值观，坚决杜绝不良倾向侵蚀，就成了大学最重要的任务和原则了。

当我们以学校利益的名义对逐利行为听之任之的时候，当我们为获得项目到处活动而不觉得难堪的时候，在不知不觉之中，我们放弃了对道德和价值底线的坚守。一些人走得更偏，为个人的利益，损害学校声誉，甚至触犯国家法律。现实中，有一些人的确用这样的方式获得了个人的所谓成功，也有一些人因坚守底线、宁折不弯而默默无闻。这种"逆向淘汰"助长了社会不良风气，也使一些人被迫放弃了价值坚守。我们的言行举止都是在向下一代传递着价值观，教师的身教言教传承着人类对"真理、卓越、良知"的追求，利益不该也不能动摇教师们保持人格、学术的真诚与尊严的决心。大学必须维护学术尊严，严守学术独立，保障学术自由。历史或许可以容忍掮客和商人的功利主义，但教育决不能追逐功利而失去底线。教师必须严守职业和道德规范，大学必须坚守住"人类的精神家园"。大学的教育职能要求我们具有更高的道德和价值追求，也要求我们必须坚持多元、争鸣和自我批判精神。

迎接变化

要成为一所伟大的学校，必须要不断开拓创新。面对快速变化的世界和未来挑战，我们不能因循守旧，不思进取，也不能胸无大志、鼠目寸光，围着枝节问题绕圈子、打转转，要解放思想，登高望远，站到未来看今天的问题。我们要有开放的胸怀，学习和借鉴国外大学的先进经验，同时，也要实事求是、因地制宜，走出一条自己的路。

大学未来最大的挑战仍然是优秀人才的竞争。我们曾讲，伟大大学与平庸大学的差别有两个：一个是能否聚集最优秀的教师和学生，另一个是能否让师生的创造潜力充分释放出来。我们要建立合理的聘任、评价和薪酬体系，以及合理的治理和资源调配体制。要调动一切积极因素，发挥创造性和主动性，营造良好的学术环境和氛围，使"近者悦，远者来"。

学科布局定义了一所大学，也体现了学校的价值观念，一定要与时俱进。我们的学科布局要有利于学生的成长。北大的学科比较齐全，这对学生培养和成长是有利的，要让学生在跨学科的氛围中，在与老师同学的思想碰撞中锻炼成长。我们的学科布局要有利于教师的学术发展。教师的学术发展是学校发展的基础，教师好，学校就会好。从教师的学术发展看，仅有传统学科为基础的院系还不够，要鼓励不同学科背景的学者之间的合作。北大已经有上百个虚体中心和数十个学校建设的跨学科中心。但由于定位并不清晰，研究中心的状况良莠不齐，只有一部分发挥了很好的作用。跨学科学术研究是北大未来发展的方向，努力营造更好的跨学科环境是今后一段时间学校的重点任务。

我们现在应当考虑一个问题：几十年后，人们还能记住我们今天在哪些领域的学术成就？中国的社会发展、国家治理需要新思想和新理论的支撑，我们应当在国家发展、人类面临的挑战，以及资源、环境、生态、能源、健康和智能技术等领域有所建树。这需要对学术布局和学术管理体系进行调整和改革。另外，学校一些体制机制也不尽合理，责、权、利的界定不清晰，运营效率不高、资源浪费严重。今后几年，我们要集中力量，完成综合改革，建立更加合理和高效的运营体系，为学校的可持续发展奠定基础。

"十年树木，百年树人"，教育是一个慢工细活，大学的改革发展不能一蹴而就，需要认准方向、长期坚持。教育的核心是启迪智慧，无论世界如何变化，教育的这个本质属性是不会改变的。我们现在的教育仍然"以知识传授为中心""以课堂讲授为中心"，这种状况必须要改变。教育教学是学校最基本、也最困难的一项工作，必须树立持之以恒、永不懈怠的思想准备。教学改革的核心是要调动教师和学生的积极性和主动性，要激发教师的教学热情，使教师真正成为学生和人类伟大智慧之间的心灵媒介。

　　北大正在进行综合改革。我们面对复杂的形势，基本策略是简单明了的。我们坚持学校的核心价值，以释放学生和教师创造潜力为目标，布局好学校改革发展任务。要紧紧抓住阻碍发展的瓶颈问题，找出深层次的体制机制原因，集中力量加以解决。我们不要指望综合改革会一蹴而就，也不要以为改革方案会一成不变。不应当总是坐而论道、纸上谈兵，要行动起来，只有行动才能真正找到正确的发展路径。随着改革深入，一定会有新的问题出现，因此，综合改革也是一个不断深入、不断完善的过程，当下，我们需要勇气和智慧，去选择、去坚持，走出一条守正创新之路，这样我们在未来才会心安理得地说："我们是不辱使命的。"

10

中
国
大
学
的
过
去
与
未
来

　　这是参加瑞士一个高等教育小型研讨会的发言。过去二十年，
中国高等教育发生了巨大的变化。我们的教育规模已经位居世界首
位，大学的学术研究水准也快速提升。但从整体看，中国高等教育
仍面临诸多挑战：我们还不能很好地满足社会公众多样化的教育
需求，也不能满足为国家和社会发展提供人才和学术支撑的要求。
我们还应推进高等教育的综合改革，增加对教育和学术研究的投
入，实现从教育大国到教育强国的转变。

中国高等教育的变迁

改革开放后的四十年，中国高等教育的发展分为三个时期：20世纪80年代是恢复期。拨乱反正，恢复高考，大学重新走上正常运行轨道。尽管当时的条件差，学术研究水准也不高，但教师和学生热情高涨，刻苦学习、研究学问蔚然成风，让人联想到抗日战争期间的国立西南联合大学。20世纪90年代，中国向市场经济转变，鱼龙混杂，市场紊乱。大学受到冲击，从高高的象牙塔跌了下来。教师做生意，学校办公司，学生想出国，精神空虚，价值危机，实用主义盛行，大学陷入低谷。第三个时期始于20世纪90年代末。这时中国发展的道路和方向基本清晰了，国际政治形势趋稳，社会经济快速发展。中央政府利用1998年北大百周年校庆的机会，提出创建世界一流大学的设想和计划，这是中国高等教育的重要历史转折，从此，中国高等教育步入快速发展阶段。

从1998年至今的二十年，中国高等教育发生了几个显著变化：一是大学的合并和扩容。通过合并整合，很多单科学校成为综合大学，当时，中央和地方政府支持大学扩容和新校区建设，使在校生规模从1978年的87.5万增长到3 700万，毛入学率达到42%，更多的人获得接受高等教育的机会。二是实施创建一流大学计划，提升学术竞争力。设立"985工程"，重点支持部分大学的发展；设立国家和学校的人才计划，大力引进优秀人才；通过增加科技投入、改善基础条件，提升了大学的学术竞争力。三是增加教育投入，推进教育改革。中国的教育经费保持持续增长，2012年的教育投入已达到GDP的4%；鼓励各学校积极探索，开展综合改革，提高人才培养质量；推进管理体系改革，建立现代大学制度，建立大学章程，推进依法办学；广泛开展国内外大学管理层交流，借鉴发达国家的大学治理经验，提高大学的治理水平。

中国大学的发展很快，进步不小，但总体看，仍然是一种比较粗放的模式：考虑近期发展比较多，长远战略布局少；对学术研究的关注多，人才培养的进展少；基础条件建设的投入多，体制机制建设的成效少。很显然，这种粗放发展模式是难以为继的，要加快大学的体制机制建设，向内涵建设模式转变。

高等教育的综合改革

从国家和社会公众的层面看，高等教育必须承担两项责任：一是提高质量，为国家的社会经济发展提供更有力的人才和学术支撑；二是促进教育公平，更加关注西部地区和贫困家庭，使贫困家庭能够通过高等教育，实现阶层流动。为了进一步加快高等教育的发展，督促大学向内涵发展模式转变，政府决心推进高等教育的综合改革：一方面，政府自己在简政放权，减少对大学的行政干预，调动大学的积极性；另一方面，要求大学加快综合改革和体制机制建设，使大学的运行更有效益。为了稳妥推进，中央政府指定北大、清华和上海市进行综合改革试点。

综合改革是从影响发展的瓶颈问题入手，梳理各种体制性的制约，综合规划，分步加以解决。目的是释放机构和个人的创造潜力，提高资源效益，实现学校的使命和发展目标。因此，我们首先应当明确学校的使命和任务。北大的核心使命和任务是要培养能够引领未来的人，要产生能够影响国家发展和人类进步的新思想、前沿科学和未来技术。在此基础上，学校还应当为国家发展和社会进步做出贡献，这些外延任务也是聚集社会资源，提升学校核心竞争力的有效途径。学校的综合改革应当紧紧围绕核心使命，找出影响学校发展的瓶颈问题，集中力量加以解决。

北大的综合改革

北大的综合改革方案主要包括几方面内容：教育改革、人事制度改革、学术布局调整、大学治理体系改革以及资源配置体系改革。

教育改革是综合改革的核心，目标是建立通识教育与专业教育相结合的人才培养体系。专业教育改革的重点是培养方案的多样化，包括跨学科培养计划、主修辅修和双主修模式等多种模式，为学生提供更多的选择。在通识教育改革中，除了完善通识教育课程体系之外，更加强调学生的全过程培养，真正使学生能够懂自己、懂社会、懂中国、懂世界。处理好教学与科研的关系，调动教师的教学积极性，是所有研究型大学面临的共同问题，但中国大学的问题更加严重。我们实施了学部内自由转专业、全校范围内自由选课，并将院系的资源配置与教学状况相关联，促使院系和教师更加关注教学、关注学生。与此同时，启动了教学方法和学生学习评价改革。

教师人事制度改革的目标是营造良好的制度和文化氛围，使"近者悦，远者来"。最近十几年，为吸引优秀的学者，我们实行了 Tenure track[1] 和年薪制，使北大的人才竞争力大幅提升，但也造成了"新老双轨"并存的局面，教师的薪酬体系也很复杂，这些

---

[1] Tenure track: 这是一套源自美国的教职选聘制度。1940 年美国大学教授协会和美国学院联合会达成一项协议：六年试用期内，大学教员未能晋升至副教授则必须离开，其精髓是"非升即走"。北京大学 2003 年人事制度改革中明确在教师聘任和晋升中实行"非升即走"策略。

都影响了学校的整体氛围和人才竞争力的进一步提升。因此，人事制度改革的重点是理顺教师的聘任、薪酬和晋升体系。为此，学校从 2014 年开始，新聘人员已全面实施 Tenure track 制度。2016 年学校进行了薪酬体系调整，改善了教师的待遇，并开始对老体系教师进行 Tenure 评估，逐步过渡到新体制。

治理体系改革主要涉及学校的学术治理体系和行政管理体系。学术治理体系改革的目的是让学者更多地参与或主导学术事务。过去北大实行"学校—院系"两级管理，学校主要依靠职能部门管理院系，行政化倾向比较严重。现在实施了"学校—学部—院系"三级管理，学部主要负责学术事务，主任由学者担任，增强了学术管理。目前，北大共有六个学部：人文、社科、经济与管理、理科、工科、医学，使学校的管理构架更加合理。与此同时，完善主要由学者参加的各类委员会，特别是建立了学科建设委员会，主动推动学术体系调整。行政系统改革的重点是推进管理重心下移，给予院系更大的自主权。同时，学校正在谋划管理队伍的职业化，以加强职能部门的服务意识，更好地服务学术、服务师生。

资源配置是学校调节各方利益关系的重要方式。目前，北大的资源配置仍然以集中管理为主，我们将逐步推进学部和院系的预算管理，给予院系和学部更大的自主权，调动各方积极性，形成更加开放和可持续的管理模式。

中国高等教育发展的新机遇

一个民族的生存、发展和进步取决于创新能力，教育是通向未来的桥梁，教育的目的是启迪智慧。中国是一个人口大国，教育搞好了，巨大的人力资源就是优势，教育没搞好，就会是负担。在新时期，国家和社会公众对高等教育的需求比以往任何时候都更加迫切，对科学知识和卓越人才的渴求比以往任何时候都更加强烈。为继续深化高等教育改革，提高质量，国家将出台一系列新的建设计划和措施，各大学也在加快内涵建设，应对未来的挑战。

新的一流大学计划。国家已确定了新的"双一流"建设方案，将很快实施。在新的计划中，除了继续强调大学和学科建设之外，还有几个特点：一是更加关注教育，把人才培养放在更加重要的位置；二是更加强调竞争，引入第三方评价，打破封闭僵化，实行动态调整；三是强调中国特色，要求大学立足中国实际，解决中国问题，同时提高大学的世界影响力；四是注重区域布局和国家特殊需求。另外，对这次计划的投入也大大增加，未来五年要投入一千亿人民币左右，是上一轮的两倍。我们相信未来一个时期，中国高等教育仍然会保持较快的发展势头。

高等教育新政。最近，国家出台了简政放权、放管结合、优化服务的政策性文件，要进一步向地方和学校放权，让学校拥有更大办学自主权。这项高等教育改革新政涉及专业设置、用人体制、薪酬体系、科研经费使用、大学治理等很多方面，对于完善中国特色现代大学制度，破除束缚高等教育改革发展的体制机制障碍，具有重要的促进作用，也将会进一步释放学校和学者的创造潜力，提升中国高等教育的整体竞争力。

继续增加教育和科技投入。在第十三个五年计划中，政府和社会将增加科技投入，建设一批大科学工程和基础设施，加大支持科学研究的强度；将在一些重要领域，建设一些国家实验室，增强服务国家战略的学术研究能力；也将继续保持教育支出占 GDP 4% 的政策，进一步提高基础教育和高等教育的质量和水平。

信息时代的教育。我们组建了东西部课程共享联盟，充分发挥市场机制，利用现代信息技术，推动优质教育资源的东西部共享。截止到 2017 年年底，东西部联盟在智慧树平台上共开设 300 余门课程，共 2000 余所各类大学参与课程共享，千万学生通过智慧树网选择了学分课。智慧树通过优质教育资源共享，帮助西部大学提高教育质量，有力地促进了教育公平。

中国特色的世界一流大学

无论是今天的东方国家还是西方国家，优秀的现代大学都是建立在人类优秀文化基础上。尽管东方的国家和民族有着悠久的历史和灿烂的文化，但都没有能够发展出现代意义上的高等教育。我们今天讲要建设"中国特色"的世界一流大学，不仅是要立足中国实际、解决中国问题，还要思考和探讨建设基于中国文化和中华文明的大学。我们当然不是回到旧时代，也不是回到旧时的书院，而是要在未来的中国文化的基础上，建设新型的大学。未来的中国文化应当融合中国传统文化、西方的科学和理性文化、马克思主义及中国的实践等等，应当是一个具有广泛包容性的文化。实际上，几千年来，中华文化就是在广泛吸收多种文化的基础上形成的。未来的中国大学，也应当在吸取各种优秀文化的基础上成长壮大，成为真正意义上的"中国特色"的世界一流大学。

第二章 学与研

在前行的路上，会遇到很多诱惑，使你偏离使命和初心。坚守既需要学者的视野、胸怀、勇气和担当，还需要优良的条件环境、完善的制度保障和良好的学术氛围。

1

丢失的环节

　　院系是大学中最重要和最基本的学术机构。但在目前中国大学的管理体系中，并没有任何机构或个人对院系的发展状况最终负责，这的确是一个匪夷所思的现象。中国大学的学部制建设仍然面临很多困难。院系已经习惯于职能部门的"纵向"管理模式，而对学部的"块状"管理还不能适应。因此，补上丢失的管理环节仍需要相当的努力，对此，我们应当有足够的耐心和定力。

在一次重庆大学的战略研讨会上,大家讨论学部建设的有关问题。当时我问一个问题:在学校的管理机构中,谁在负责院系?或者说,谁对院系发展状况担负最终责任?大家你一言我一语议论起来,觉得各个部门和学校领导都在负责院系某些方面的工作,但的确很难说出谁对院系担负最终责任。这是中国大学管理体系中一个很有意思的现象:院系是大学最重要、最基础的机构,但却没有人或机构最终负责。也有人说,书记和校长应当最终担负院系责任,这没有错。但面对几十个院系,还有数十个独立的研究机构,书记、校长两个人如何做才能负起责任呢?

中国大学的演变

组织管理最重要的是清晰的责任链条。国外大学一般只设几个学院,学院里设一定数量的学系,系主任对院长负责,院长担负了各系发展的责任。院长对校长负责,校长只要选好和管好院长就可以了。这是一种较为合理的"校—院—系"三级管理模式,各级管理跨度不大,责任链条也很清晰。20世纪初,多数中国大学的治理结构与此类似,学校下设学院,每个学院设有一定数量的学系,而且当时学校的规模都不大,管理并不是一件很困难的事情。

20世纪50年代初,全国范围内进行过一次重大的学科调整[1]。

---

[1] 学科调整:即1952年院系调整。此次院系调整由中央政府主持,将民国时期效仿英美构建的高校体系改造为效仿苏联式的高校体系,即将通才教育模式改为社会发展急需的专才教育模式。私立高校由此退出历史舞台。

学院被取消，学校的学科也进行重新布局和调整。北大的工学院、医学院、法学院等都分离出去，成为以人文和理学为主的大学。重庆大学原有的六个学院，多数被调整到了其他学校，二十多个系只保留了工学院中的五个系，成为一个工科学校。其他学校的情况也很类似，几乎都成了单一学科的大学。这时候的北大仅相当于一个文理学院，由于学科比较单一，学系的数量也不多，因而都采取了"校—系"两级管理模式，学校直接管理学系。

改革开放之后，中国大学又经历了一次大的变化，这次是从专科学校向综合性大学的转变。这次调整主要有两种方式：一是大学的合并，二是拓展学科和组建新的院系。浙江大学是最早进行合并的学校之一，浙江大学与杭州大学、浙江医科大学、浙江农业大学四所学校合并，一举成为学科最为齐全、规模很大的综合性大学。北大是与北京医科大学合并，它们在历史上曾合并过一次，有一定历史渊源。有了医学，北大的学科布局更加合理。有了强大的基础学科支撑，医学的教育和研究有了更强的依托。重庆大学是与两所建筑类大学合并，从学科角度看，受益并不大，但规模扩展了不少。

为实现向综合性大学转变，很多学校进行了学科领域的拓展和新院系的组建。其中清华大学是转型比较成功的一所学校。他们从20世纪80年代开始，就发展文科和理科，最近几年开始推进医学院建设。尽管北大经历了大学合并，但也一直在做学科布局的调整，在社会科学领域组建了一些新的院系，又建立了工学院、景观与设计、现代农学等专业学院。重庆大学也一直在加强文科和理科院系的建设。

经过了四十年发展和调整，中国很多学校都成为规模很大的综

　　　　　　　　校长观点：大学的改革与未来

合性大学。目前，北大的在校生约 4 万人，学校直接管理的院系接近五十个，还有一些独立的研究机构，已经成为一个非常庞大的学术体系。同时，大学合并和新校区建设，使很多学校都成为多校区大学。仅在杭州市，浙江大学就有五个校区，省内其他区域也新建了一些校区。但是，中国大学的管理体系和构架并没有大的改变，多数学校仍然实行学校直接管理院系的两级管理体系。

职能部门的"纵向"管理

面对巨大而庞杂的大学，中国大学逐步形成了依靠职能部门的"纵向"管理体系。中国大学一般都设有六七位副校长，分别负责学校的学术、教育、人事、财务、后勤等方面的工作。学校党委还有三四位党委副书记，分别负责学生管理、干部管理和宣传等。学校一般设有几十个职能部门，负责各方面的事务，为院系、教师和学生提供相应的管理和服务。中国大学多采取集权的资源管理模式，大部分资源由学校统一掌控，再通过各职能部门配置到各个院系。目前，学校资源配置的主要方式是教师和学生编制，经费、空间等都是根据教师和学生数量进行调配的。

在资源相对短缺情况下，"纵向"管理模式可以加强学校资源调配能力，集中力量完成学校的核心使命和任务。但学校中各个学科的差异很大，有一些学科的社会需求比较旺盛，院系从社会独立获取资源的能力很强，有些院系的自有资金已经超过了学校的下拨资金。当然，这些院系的人才竞争也很激烈，聘任教师的成本也比较高。有一些基础性的学科获取社会资源的能力弱，但却是学校学科发展的核心，是必须给予保障的。最近，国家、地方和企业对科学技术投入的力度很大，开始组建国家实验室、科学中心和科学基础设施等平台，这既为学校发展提供了难得的机遇，也对学校管理体制提出了新的挑战和要求。现有的"纵向"管理模式限制了院系统筹资源的能力，不利于调动院系的积极性和创造性，也常常会造成资源的浪费，需要进行改革和调整。我们应当给予院系更大的办学自主权，调动积极性和创造性，让院系真正承担起发展的责任。

在现有的"纵向"管理模式下，部门和主管相关部门的副校长都掌握一部分资源，都对学院的某方面工作进行管理和指导，其结果是大家都管一些，但都不对院系发展承担最终责任。这导致各个院系的发展很不平衡。一些传统比较好、风气比较正、领导班子认真负责的院系，发展和运行状况都会比较好；而那些问题比较多、发展状态不好的院系，学校也没有精力或机制帮助它们及时解决问题，使问题越积越多，差距越来越大。

很多学校已注意到了管理上存在的问题，也在积极推进管理体制改革和调整。早期，北大曾试图通过合并，减少院系数量，改进学校的管理，并先后组建了化学学院、物理学院、信息科学与技术学院、环境学院等，但实践证明这个尝试并不成功。组建较大规模的学院，的确可以减少学校的管理幅度，但不同学科在评价体系、发展目标等方面的差异，使学院的管理变得非常困难。一些院系内矛盾冲突非常激烈，以至于不得不再次分开。但如果按一级学科单独建立院系，学校的管理幅度就会很大，这显然也是不现实的。

补上丢失的环节

中国大学的治理体系经历了四十年的探索，是到了认真反思和总结经验的时候了。我认为有几个问题需要考虑：首先，要使院系担负起学科建设和发展的责任，每个院系中的学科不能太多太复杂，而且院系还要承担人才培养的责任，并要为未来学科的变化和调整做好充分准备。第二，要补上在院系管理方面失去的责任链条。在目前情况下，建立学部，逐步承担起协调院系、促进跨学科教学和学术研究的责任，是一种可行的方式。现在各学校的学部建设刚刚开始，相应的制度和规范还很不健全，但所做的探索还是很有成效，值得肯定的。

北大在 1999 年就实行了学部制，根据当时的情况，共组建了人文、社科、理学和信息四个学部。与北医合并之后，又组建了医学部。医学部基本保持了原北医的管理构架，另外四个学部都比较虚，仅聘任了学部主任，设立了学术委员会。尽管原来设想的协调院系的行政职能并没有实现，但学部的学术委员会一直发挥了很大作用。重庆大学的学部制建立得比较晚，是我担任校长之后组建的，开始只有文理、工程、建筑和信息四个学部，后来文理学部又分成了两个学部。重庆大学的学部在评价体系建设、跨学科项目组织和队伍建设方面，都发挥了很好的作用。浙江大学是由四个学校合并而成的，学科比较齐全，规模也比较大。学校在 2008 年就组建了学部，并制定了较为详尽的学部章程。由于定位和职能等方面的原因，学部与院系之间的关系一直没有处理好，大家的意见比较大，一度差点被撤销。

从各学校学部制实施的情况看，中国大学的学术治理体系的建设仍有很长的路。一个很重要的因素是，经过几十年的建设发展，部分院系已经比较强势了，特别是社会资源比较丰富的院系，已经建立起了比较完善的管理和资源配置体系。人们认为学部增加了管理的层级，会干涉院系的办学自主权。另外，现在的学部构架设置仍然是过渡性的，学部中的院系规模大小不一，基础学科院系与职业类学院同在一个学部中，院系的资源和运行机制差别比较大，增加了学部的协调和管理难度。最近，我们把经济学院、光华管理学院、国家发展研究院和人口研究所组合在一起，成立了经济与管理学部，也是为了通过调整学部构架，使学部的构成变得更加合理。

逐步实现"校—学部—院系"三级治理体系，是大学治理体系改革的方向，也是符合综合性大学管理规律的。但我们要对改革的艰巨性和长期性有充分认识，既要有决心和定力，又要实事求是，根据学校的实际，稳步实施。学部应当是学校的派出机构，代表学校负责院系的协调。要把过去由学校担负的一些职能下放学部，而不是把院系的权力收到学部。在开始阶段，学部要把工作重点放在院系之间的沟通和协调上，多做院系想做而做不了的事情，而不要过多干涉院系的内部事务。同时，要把"双一流"建设等新的资源更多地交给学部，逐步加强学部对院系的协调能力。另外，学校要逐步调整学部的院系构成，可以让一些职业性比较强的院系更加独立，进一步发挥他们的积极性，争取更多的社会资源。

在相当一段时期内，学部还不能完全担负起院系管理的责任，因此，职能部门的"纵向"管理仍然是需要的。但职能部门一定要树立服务学部的观念，让学部把主要精力放在院系的学科发展上，而不是承担过多的日常事务。最近，我们进一步加强了北大的学部职能，选拔更年轻的教师担任学部领导，并赋予学部在学科建设、队伍建设和教学改革等方面更大的职责。同时，学校还设立了学部办公室，配备了工作人员，组建了学部的学术委员会、教学委员会和部务会。总体看，学部运行的效果还是不错的，特别在学校的学科建设、队伍建设和跨学科人才培养方面，发挥了非常好的作用。当然，学部工作也存在不少问题和困难，仍然需要相当长一段磨合期，才能真正实现预定的目标。

目前正在进行的"双一流"建设的一项重要任务，是要让部分学科进入世界一流前列，这项任务主要是由院系承担的。加强院系建设是学部的重要职能，学校职能部门要与学部一起，认真分析各院系面临的发展瓶颈问题，有针对性地制定解决方案。从目前情况看，队伍建设仍然是各院系面临的普遍问题，要根据学科特点，制定队伍发展和人才引进的政策措施，提高院系的人才竞争力。

2

卓越的学术从哪儿来

　　学科发展的核心是人和氛围，当然氛围也是由人构成的。一个学术机构要发展得好，学科带头人是非常重要的。选对了人，就能够形成好的氛围，就能聚集最优秀的人，就能产生卓越的学术，就能培育杰出的人。

办大学最重要的是人和氛围。过去二十年，我们始终坚持"以队伍建设为核心、交叉学科为重点、体制机制创新为动力"的方针，建立了新的教师人事体制，显著提升了北大的学术竞争力。特别是先后组建的一批跨学科研究机构，形成了很好的学术氛围，聚集了优秀人才，带动了学校的整体发展。当然说一说容易，真正把机构建设起来和运行起来，还是一个很艰难的过程。

一个美丽的故事

北大国家发展研究院创建于 20 世纪 90 年代。当时几位国外学成归来的经济学家，立志要将现代经济学引入中国，他们心中有一个梦想，那就是立足中国本土和实际，用现代经济学方法揭示中国社会经济发展规律，建立中国的经济学理论体系。他们来到北大，与一批志同道合的同行一起，创建了中国经济研究中心（CCER）。当时学校的条件比较差，这几位学者就在老地学楼[1]几个破旧的房间里干了起来。后来，他们找到了捐赠资金，重新设计和建设了朗润园[2]，使朗润园成为世界上最优雅的经济研究机构。

随着事业的发展，经济研究中心拓展成为国家发展研究院，研究领域也不再仅限于经济学，而是涉及了国家发展的方方面面。

过去二十年，对于中国经济社会转型中的一系列重大问题，如

---

[1] 老地学楼：北京大学老地学楼建于 1953 年，位于老化学楼的北侧，处在图书馆中轴线的南侧，与北面的文史楼遥相呼应，为三层歇山顶建筑。它最早的使用单位是北京大学地质地理系，后来成为环境科学与工程学院的办公楼，现已改造为与理科教学楼、第二教学楼等相差无几的教学楼。

[2] 朗润园：其前身在清朝嘉庆时期曾为庆亲王永璘的赐园，旧名"春和园"，咸丰年间改赐恭亲王奕䜣，并改称"朗润园"。朗润园如今被用作北京大学国家发展研究院办公场所。

"比较优势""国企改革""企业家精神""农村产权""宏观经济预测""医疗体制""老年社会""企业战略与文化"等等，国发院的学者都做出了引领性的贡献。作为外行，我虽然很难评价他们的学术水平，但还是能感受到他们的学术影响力。他们一直在不断挑战着，挑战自我，挑战传统经济学理论，也一直伴随中国的发展、伴随中国经济学理论，不断成长成熟。今天，我们可以不夸张地说，国发院已经成为具有世界影响力的中国经济学教育和研究的重镇，成为国家最重要的智库。我们都应当为他们的成就而自豪。

始终坚守核心使命

我们开展学术研究的目的是拓展人类的认识边界，是培育矢志开拓和创造的人，是保持人类文明不断发展进步。基础研究拓展了人类的知识边界，而应用研究拓展了人类的能力边界。我们这里讲的边界就是前沿。

一个卓越的学术机构首先要有明确的使命，要担负国家和社会责任，不断产生能够促进国家发展和人类进步的新思想、前沿科学或未来技术，还要不忘初心，始终坚守。要做到这一点是很不容易的，在前行的路上，会遇到很多诱惑，使你偏离使命和初心。这样的坚守既需要学者的视野、胸怀、勇气和担当，又需要优良的环境条件、完善的制度保障和良好的学术氛围。国发院的创建者是一批有理想的学者，他们始终牢记使命、探寻真理、奋力前行。后来的学者尽管各有专长和学术兴趣，国发院的初心和情怀一直激励他们去解决国家发展中的重大学术问题。

学者与氛围

是什么成就了一个卓越的学术机构呢？我认为最重要的应当是学者和氛围。

一个卓越的学术机构，既要聚集最优秀的学者，还要营造开放的学术氛围。我曾与一位斯坦福大学的教授谈起大学的学术发展。他认为，聚集最好的学者，并让他们一起工作和交流就可以产生最好的学术。一般地说，优秀的学者更愿意分享，当同事遇到不解的问题时，他们更愿意付出自己的精力。主动付出、帮助别人的过程，就是思想碰撞的过程，也是相互学习的过程，最终大家都会受益。实际上，学术氛围和环境就是你周围的人，我们营造良好的学术氛围，就是把优秀的人聚集在一起，让他们一起工作，一起分享，一起挑战自己的极限。好的氛围要让学者安心学术、自由畅想，也要让他们相互协作、互相激励。国发院经常有学术"争论"，例如，国企改革的策略、中国通缩的起因和对策、政府产业政策等等，国发院开展的学术争论，引起了学术界的高度关注，也激发了学者们的创造潜力，促使大家对有关问题做更加深入的思考，努力去揭示事物发展的内在规律。国发院的良好学术氛围以及和谐共进、积极向上的精神面貌，是很值得赞赏和珍惜的。

一个卓越的学术机构，要涵育学术，还要激励青年学者，使他们更好成长。著名物理学家波尔是一位杰出的学术领导者，20世纪二三十年代，在他的领导下，哥本哈根大学的波尔研究所聚集了一批杰出的青年学者。他曾讲："不仅要依靠少数科学家的才能，而且要不断吸收相当数量的年轻人，帮助他们熟悉科学研究方法，这样才能不断地提出新的问题；更重要的是，青年人的贡献和成长，会使新的血液和新的思想源源不断地进入科学研究。"波尔善于启发激励，善于营造平等讨论和紧密合作的氛围，使青年人始终沉浸在繁忙激动、活泼欢快和无拘无束的气氛中。当时在波尔研究所学习和工作过的青年学者，如海森堡、泡利、狄拉克等，后来都获得了诺贝尔奖，成为最优秀的学者。世界上曾有一批这样的学术机构，例如，芝加哥大学的物理系、普林斯顿的高等研究院、剑桥的卡文迪许实验室等等。

过去十多年，我们陆续新建了一些像国发院这样的学术机构。例如，国际数学研究中心的环境和支撑条件都很好，使学者可以心无旁骛地潜心研究，一批青年学者都很快成长起来。生物动态成像中心（BIOPIC）形成了很好的合作和协同文化，激励学者跨界与不同专长的学者密切合作，在生物医学基础和应用领域都取得了一些重大成就。科维理天文与天体物理研究所建立了广泛的国际合作网络，使青年学者能够完全融入到国际学术的最前沿。生命科学中心从建立之初，就确立了促进学校跨学科发展、推进院系的学科调整的战略思想，建立了特殊机制和支持渠道，为很多院系聚集了一批非常优秀和杰出的学者，大大提升了学校生命科学的竞争力。我们还可以列举很多这样的例子。这些新的研究机构虽然只是在小范围内形成良好的学术氛围，但它们的学术标准，以及对卓越学术的追求，带动了学校的发展，也促进了其他院系的发展和进步。

氛围也是由人构成的

人们常讲：成功的特征都很类似，失败的原因却千差万别。世界上成功的大学和学术机构，人和氛围都很好。我们开展学科建设，最根本的是要营造良好的学术氛围，释放大家的创造潜力，使"近者悦，远者来"，也只有这样才能聚集最优秀的人才，实现创建世界一流大学的目标。

实际上，人们感受的学术氛围就是他们周围的人。一所优秀的学校，应当设法让学者更多地交流合作，特别应当让不同学科背景的人常常在一起，激发和碰撞出思想火花。要打破院系和学科的封闭格局，设置更多师生学习和休闲的空间，让大家能够随时随地交流。要建设聚集国内外学者的平台，使北大成为探讨学术、交流思想的学术中心。最近建立的人文社科研究院，秉承"激活思想，涵育学术"的宗旨，推进人文社科领域学术交流。一年多来，文研院举办了大量的讲座、展览、工作坊、研讨班，聘请了一批国内外的优秀驻院学者，拓展了学者们的学术视野，激发了创造热情。

我们仍有一些院系和机构发展状况不是很理想，其原因主要是内部矛盾比较大，或早期的学科和队伍布局没有做好，历史包袱比较重，但核心还是人的问题。最近，学校提出将"院系和学科为基础"作为学科建设的重要指导原则，目的是要认真研究各院系的具体情况，针对院系发展中的瓶颈问题，制定相应的解决方案，特别是要加强院系的学术队伍和领导团队的建设，使更多院系成为卓越的学术机构。

3

教授治学

　　教授治学是一个很宽泛的概念，不仅指学者自主选择研究方向、研究领域和教学方法，还包括参与学校的学术决策和学术管理。在很多情况下，学校的行政权力和学术权力是很难严格界定的，但无论是行政权力还是学术权力，最终目的都是要把学者的创造潜力充分激发出来。当然，学校在学科规划和发展上，应当发挥主导作用，要从未来出发，做好学科规划，避免既得利益的固化。

我们常讲教授治学，在国际话语体系中，常用的是"学者自治"和"学术独立"，实际上，所表达的含义是类似的。学术独立是学者职业的内在要求，对于一个优秀的学者而言，他们在自己的研究领域是最好的、最有权威的，他们总是希望按自己的方式进行学术研究，不希望别人在背后指手画脚，这是学术研究的本质属性决定的。学术独立也常用于表示学术的公益性，强调学术应当惠及全人类，而不应当被利益集团垄断。学者自治则更多地用于描述学术组织或学术共同体的性质，强调学术组织的特点，其管理、研究方向、学术评价等都应当由学者主导。教授治学的含义更宽泛，当然也就更模糊一些，既包含了学者自治、学术独立，也包含了学者主导教学。

学术文化

有一次，我参加斯坦福中心举办的关于大学教育的讨论会，讲完之后，斯坦福的副校长问了一个问题：中国大学如何对待学者自治？我给她讲了一个故事。一位北大老教授曾问我："你担任过重庆大学、浙江大学和北京大学的校长，这三个学校有不同吗？"我回答说："在重庆大学做校长比较辛苦，校长要有想法，制定发展战略，还要找到合适的人，去落实和实施。浙江大学要好得多，校长只要有想法就行了，做事的人很多，而且做事情很快。北大校长是最轻松的，校长不需要有想法，因为教授的想法已经很多了。当然，即使你有想法，也不能贸然行动，因为大家只顾品头论足，就没有人去做了。"虽然这只是一个随意的回答，但说明了大学文化和传统对学术事务的影响。

大学中的教学和研究都是学者承担的，学者是大学的主体，或者说学者就是大学。但是，学者能否真正自治，或者说教授能否主导学术，依赖于大学的学术文化和学者的学术水准。北大高水平的学者比较多，学术文化也比较开放自由，学者对学术独立和自治的要求也比较强烈。在北大，如果校长想做成一件事情，最好的办法就是把它变成学者们的想法，让学者们提出来，这样你只要在旁边支持和鼓励就可以了。这并非是说校长就可以轻松了，实际上，在北大做校长是最辛苦的。学者们的思想活跃，对学术发展也是众说纷纭，校长和学术管理团队必须要有很好的学术判断力，才能把握学科建设和发展的重点，保持学校的竞争力。

学者的学术管理

学术研究是高度依赖个人创造性的事业，它需要独立的和宽松的学术氛围，使人们在没有思想束缚的环境中，充分展示他们的创造性。学者的学术环境实际上是周围的人，是他能与什么样的人一起工作和交流，因此，学者都有很强烈的愿望选择或主导学术管理，这是学者对学术自治的内在诉求。给予学者更大的学术管理责任，是好学校学术管理的基本特征。

学校要建立起合理的制度规范，才能使学者真正参与学术管理。尽管学校都建立了各级学术委员会，但主要作用是对学校的重要学术决策进行审议。从制度安排上，学术委员会是被动的，并不能主动进行学科的规划和建设。因此，我们在学术委员会体系中，设立了学科建设委员会，并在一些重点建设领域，设立了一系列分委员会，让更多学者参与到学校的学科规划和建设中。与学术委员会不同，学科建设委员会是主动进行思考，规划和推动学科发展的议事机构。学校根据学科发展趋势，确定未来发展的重点领域，委员会负责本领域的规划和实施工作。

十多年前，北大就在生命科学领域组建了生物医学学科建设委员会，负责学校生物医学发展规划和实施。近几年，北大又在临床医学 +X、区域与国别研究、大数据、学术支撑体系等重要领域建立了相应的学科建设委员会。在学科建设委员会的推动下，学校组建了理论生物学研究中心、分子医学研究所、IDG 麦戈文脑科学研究所、生物动态成像中心、中国社会调查中心、区域与国别研究中心、大数据研究院，以及工学院、科维理天文与天体物理研究所等跨学科的研究机构。为推动临床医学与其他学科的合作，学校还专门设立"临床医学 +X"专项经费，"临床医学 +X"委员会在医院与本部院系教师兼聘、联合研究机构和合作科研等方面，进行了大量卓有成效的工作。

学校要把握方向

一般地说，学者都会认为自己的领域最重要，院系也都会努力向学校争取更多的发展资源和机会。但对一所大学而言，学科的整体布局是很重要的，可以说，学科布局定义了一所大学。学校要宏观地把握学科发展的方向，既要有前瞻性，也要考虑学校的学科基础和国家的重大需求。校长和管理团队不仅要倾听学者的意见和建议，还要做出战略抉择，要有所为，有所不为，选择学校发展的重点领域和方向，推动学科布局的调整，把学者引导到这些方向上来，才能使学校始终保持学科发展的活力。

在人文社科领域的发展战略研讨中，我们观察到一些趋势性的问题。长久以来，我们国家的人文社会科学主要关注我们自己的历史、文化、社会、政治、经济等问题。这是一种非常典型的"区域性"国家的学科格局。在国家影响力比较小的情况下，这是很自然和合理的。今天的中国已经不一样了，已经成为了一个"世界性"的国家，国家利益和足迹已经遍布世界各个角落。这种"区域型"人文社科格局，使我们对世界很多区域的文化、历史、社会、经济、政治缺乏必要的认识和理解，人才培养也不能满足国家发展的需要。因此，我们的人文社会科学是需要转型的。要从"区域性"国家的人文社会科学，向"世界性"国家的人文社会科学转型。

意识到了这个问题之后，学校做出了两个重要决定：一是重点发展区域与国别研究领域，二是组建人文社科研究院。这些建议得到了人文社科领域学者的积极响应，大家很快就提出了很多关于学科调整和组建文研院的建议和意见。大家认为，区域与国别研究的重点是培养一批人才，要充分利用北大多学科的优势，加强与发达国家、"一带一路"国家大学的合作，培养一批区域与国别领域的跨学科人才，进而推动北大的学科建设与发展。为此，学校组建了区域与国别研究学科建设委员会，在人文学部设立了中西方古典语文学、外国语言与外国历史专业方向，与柏林自由大学等建立区域研究联合研究生和博士后培养项目等。当学者们的积极性和创造性充分发挥出来，我们除了提供支持和在一旁鼓掌之外，的确也不用再做什么了。

北大的文研院是几年前建立的，最初是由学校领导担任院长。当初的设想是要为资深的人文社科学者提供一个学术活动的平台，但一直没有很好地运作起来。事实上，北大有很多非常优秀的人文社科学者，他们的学问做得都很好，但相互之间的合作与交流并不多，常常是"鸡犬之声相闻，老死不相往来"。我们认为，人文社科研究院应当成为学者们学术交流和思想碰撞的平台，应当成为吸引世界优秀学者的平台。同时，要真正做好文研院，还是要让学者主导，要使学者们把文研院当作自己的家才行。为此，我们聘请了邓小南老师出任人文社科研究院院长，并明确学校只提供支持，文研院具体做什么、怎么做完全由她和学术委员会决定。在不到一年的时间里，文研院的发展完全出人意料。文研院聘请了很多国内外著名学者访学、组织研讨班和学术论坛，吸引了校内外优秀青年学者参加研讨，还聘请了驻院学者，开展系统研究和讨论。同时，他们还制定了文研院的发展规划，提出"涵育学术，激活思想"基本理念，很快就使北大文研院成为很有国际影响力的学术机构。

学者的自我约束

学术研究是一项需要把全部精力都投入进去的事业，需要客观的观察和严谨的科学态度，要严格遵循学术规范进行分析，不能受主观臆想和外界因素的影响，因此，学术共同体的规范和自我约束是很重要的。学术共同体的自我约束主要是通过学术评价进行的。学术评价包括成果评价、机构评价和教师评价等。成果评价和机构评价通常是外部评价，对学者的评价则需要内外结合。

教师评价是学术管理的重头戏，教师的聘任与晋升既要在学术上把关，也要在品德修养上把关。在北大，这些工作主要是由全体教师、各级学术委员会及聘任小组负责的，当然，校长保留了最终裁决权，却很少用过。教师评价也包括在学术道德和教师职业操守等方面的评价，我们建立了由教师参加的学术道德委员会和教师纪律委员会，对教师的学术道德和职业操守做出评判。

事实上，学者最珍惜学术共同体声誉，也都希望与最优秀的人为伍。我们应当相信他们会严格把握学术标准和道德标准，坚决反对任何不良风气。建立和规范学术评价体系，对校风、学风建设和保持良好的学术氛围都至关重要。在这方面，学术共同体的自我约束要比行政性管理和评价靠谱得多。曾有教育部领导与我谈起一些学校的不良风气，有些学校的院系领导，利用手中的权力干预学术评价，影响教师聘任和晋升，攫取学术资源，谋取私利，这种现象在一些学校中还是频繁出现的。学校或院系风气不正，就会"劣币驱逐良币"，最终只能是离心离德、人心涣散，不仅学校办不好，还会严重影响学生的学习风气，必须从根本上坚决清除掉。要做到这些，从根本上说，还要靠学术共同体的自我约束。

一所大学最重要、最宝贵的资产就是学者。调动起了学者们的创造潜力，大学就会办活；唤醒学者们内心的价值和精神追求，大学就会风清气正；激发起学者们的主人翁责任感，大学的发展就有了根基。学校的责任就是营造宽松自由的学术氛围，建立良好的制度文化，让学者们真正感受到他们是学校的主人。学者们也要明白，学校是实现个人学术理想的基础，每个人都应当理直气壮地担负起自己的责任，共同把学校和院系办好，只有这样才能共同追求学术卓越和个人梦想。

4

强扭的瓜不甜——谈院系与学科设置

　　学术机构是学科的重要载体，学术机构设置合理与否会直接影响学科的发展。过去二十多年，北大的学术机构一直在不断调整之中。其中，环境学科的调整经历了合并和拆分，其中的经验和教训很值得反思。它给了我们一个很重要的启示：学科布局和院系设置既要考虑自身规律，还要兼顾历史传承，操之过急只能适得其反。

在大学快速发展的过程中，总会产生一些令人困惑的问题。学科重复设置和机构不合理设置就是其中常见的问题。例如，我们的环境学科分在环境科学与工程学院、城市与环境学院里；经济学、政治学也分布在几个院系，还有一些院系包含几个一级学科。在现有的评估体系下，我们总希望院系与学科设置相匹配，以减少学术管理的复杂性。这个想法虽很好，但现实却往往不那么理想。院系和学科设置当然是有规律可循的，但历史和人际因素也不可小视。

环境学院的困惑

十几年前，我担任校长助理，协助负责学术事务。当时，正值学校进行学科和院系结构调整，分派给我的第一项任务是环境学科的调整。学校当时有两个与环境相关的学术机构：城市与环境学系和环境科学研究中心，前者以地理学科为基础，后者以大气化学为主。学校决定将这两个机构合并，组建新的环境学院。学校希望通过学科调整，形成更加合理的学科构架，并期望借此加强学科之间的合作，提升学校的整体学术竞争力。

环境学院的组建非常艰难，一开始就遇到了两个单位的强烈反对。一些离退休老教师的反对非常强烈，研讨会上火药味十足，两个单位都希望独立组建学院。为了推进整合，学校聘任美国佐治亚理工的江家驷教授担任新的环境学院院长。江家驷教授在佐治亚理工曾担任系主任，学术背景和国际视野俱佳，为人也很谦和，应该是不错的院长人选，但合并后环境学院的发展并不顺利。

合并之后，学院的资源是统一配置的，但由于缺乏相互之间的默契与信任，大家在发展思路上一直争论不休，难以形成共识。因我一直负责联系环境学院，每次见面，大家都总是对学院发展状况充满焦虑担忧、牢骚满腹，院长和班子成员也疲惫不堪。四年后，环境学院班子换届，各种矛盾再次爆发。无奈之下，学校同意将环境学院分成两个机构，城市与环境学院、环境科学与工程学院，随后的发展出人意料。近年来，这两个学院各自的发展都很迅速，在自然地理、大气环境、水环境、生态和城市规划等很多领域都发展很好，各自形成了鲜明的特色。

我一直在反思环境学院的组建和拆分。把两个单位合并，费了九牛二虎之力，却矛盾重重，效果不佳。相反，独立之后，学校并未做特别的投入，各自发展势头都非常好。我们不应当把问题简单地归咎于相互之间的不信任，应当还有更深层次的原因。

机构设置的规律与传统

学科发展和机构设置有自身规律，但并不是非此即彼那么简单。我们常说的学科，是在学术发展过程中逐步形成的，一般是具有共同知识基础的领域和分支。而学术机构是学者的共同体，共同的发展理念和目标、相似的学科背景和学术评价标准等，都可以作为维系共同体的基础。大学中有两类学术机构：一类是以传统学科为基础的院系，如数学、物理、化学等；还有一类是以问题为导向的，如环境、能源、生态等。除了学科因素，学术机构还与历史形成过程有关。在一些机构中，尽管学者背景不同，但长期形成的信任，维系了共事的基础。

院系多是以学科为基础的。院系对学科的发展负责，也对人才培养负责。从我们的经验看，单一学科的院系在发展理念、学术评价等方面比较容易达成共识，发展状况相对较好。而由多学科构成的院系和规模比较大的院系，在发展上都遇到了很多困难。如果没有彼此信任和共同的理念，简单地把几个不同学科放在一个院系，并不能促进合作，由于发展理念和评价体系的差异，反而会使竞争超越了合作，矛盾代替了信任，这些都会影响学术机构的发展和运行。环境学院是一个比较极端的例子，其他合并学院也有类似问题，只不过程度不同而已。有些学院为了回避矛盾，把学术资源划分到更小的学术单位，虽然矛盾得到了暂时的缓解，但这种做法固化了传统学科结构，失去了进行前瞻性学科布局的活力，很多好的发展机遇也因此而丧失了。

跨学科研究机构是以问题为导向的，虽然大家学科背景不同，但通过共同的目标相互配合。一般地说，新建的跨学科研究机构都会考虑聘用人员学科背景的互补性，在研究项目组织上更具竞争力，因而发展状况都比较好。在前期的学科建设中，我们重点建设了跨学科研究机构，对院系的学科调整关注不够。在新一轮的"双一流"规划中，我们将把院系学科建设和调整作为工作重点。院系建设的关键还是学术队伍，但对于一些学科设置不合理、发展状况不好的院系，也必须要下决心进行结构性调整。

学部与院系

学术机构在管理本质上属于学术管理范畴，就像是一个家庭，大家共同制定规则，共同参与和维护学术共同体。学术机构的领导者除了日常管理，还要制定和实施学科发展规划，帮助青年学者的学术发展。机构的领导一般都是由本领域专家担任，学术机构的规模不宜过大，否则，会增加管理的难度，也会影响资源配置的合理性。

学术管理构架可以从两个方面进行调整：一是加强学部，通过学部加强对院系和学科的管理和调整，二是明确院系的定位，调整院系的学科构架。这两方面工作是相互关联的，院系调整需要学部的参与或主持。深度参与院系学科建设与发展，也将促进学部职能的完善。我们在 1999 年建立了五个学部，最近又增加了经济与管理学部。根据当时学部的定位，我们组建了学部办公机构，成立了由学者参加的各类委员会。各学部在学科发展规划、跨学科人才培养、学科和院系结构调整等方面做了大量卓有成效的工作，学部的工作机制也已经基本建立起来了。

明确学术机构的定位是学科发展的基础。我们的学术机构可以分为教学型、研究型和教学／科研型。从所承担的教学工作看，又可以分成本科教育、研究生教育和专业学位教育。体育教研部、大学英语和对外汉语教育学院等是以教学为主的学术机构，教师岗位以专职教学为主，评价与晋升也以教学水平为主要考察内容。分子医学所、数学研究中心等属于学术研究机构，大多数教师要与院系共同聘任，并承担相应的教学工作，专职科研人员应按科研系列聘任。北大的大多数院系都是教学／研究型的，但一些院系的发展方向并不十分明确。一些以职业型和专业学位教育为主的机构，可以适当减少或取消本科直接招生，而通过辅修、第二学位或专业研究生教育的方式，参与本科人才培养。

院系的调整要有利于调动教师的创造性，有利于人才培养与学科发展。我们要坚持以下四项基本原则：第一，院系调整以人才培养为基础，充分考虑本科人才培养的需要，这是最重要、最基本的原则。第二，使学术机构与学科尽可能匹配，对于学校重点发展领域，学术机构担负学科发展、队伍建设和人才培养的责任。第三，面向未来，充分考虑学科发展趋势，为未来发展留有余地，绝不画地为牢、固化封闭。第四，院系规模适当，在现行体制下，院系仍然有行政属性，院系的规模不能过大或过小。院系调整是一项涉及面宽、影响比较大的事情，要有总体规划，根据实际情况，逐个实施，不能一窝蜂搞运动。

改革开放以来，中国大学的学术机构一直都在不断调整，但仍然没有找到较为合理和通行的设置方式。这也与中国经济和社会发展比较快、对高等教育和科学技术投入一直增加，以及大学拓展迅速等因素直接相关。从整体格局看，中国大学的发展必须借助国家和社会力量。以学科为基础的院系要聚焦学校的核心使命，即培养人才和研究学术。另外，我们还应当充分调动国家、地方和企业资源，组建以问题为导向的研究机构。最近，我们组建了现代农学院，同时，与山东合作在潍坊建立了现代农业研究院。地方政府给予配套资金和基础条件，北大负责组织学术队伍和运行。这种方式弥补了学校在农学领域队伍建设和资源投入的不足，大大增强了北大农学领域的整体竞争力。

相信与期待——谈博士生导师遴选制

　　青年学者的成长有个人因素，也有环境因素。提供好的发展条件，并不能保证所有年轻人都能成长为杰出学者，但如果没有提供必要的条件，青年人是肯定发展不好的。换句话说，如果把他们当作千里马来培育，有朝一日可能真的会成为千里马。如果关在圈里，终日无所事事，是不会有很大出息的。

奇特的博士生导师遴选制度

不久前的一次学校学位委员会上，讨论博士生导师管理的一项新的规定——让所有新聘的青年教师都具有指导博士生的资格。会上讨论得很热烈，几乎所有理工医的委员都认为这是理所当然的，但相当一部分人文社会科学的委员表示反对。大家主要的担忧是博士生的培养质量，还提到博士生名额比较少，担心现在的博士生导师会有意见。

中国的博士生导师遴选是很严格的。最早的几批博导是国务院学位委员会认定的，虽然后来权力下放到了学校，但仍然需要一个严格而漫长的过程。先是要当上教授，还要完整地指导过几届硕士生，才具备申请导师的资格，资格的最终认定权在学校的学位委员会。

我自己就经历过了这个过程。1993 年我从美国回到北大担任副教授，满腔热情，一心想尽快做些事情，但立刻就遇到了困难。学校既不提供启动经费，也不具有指导研究生的资格。好在我的老师让我协助他指导学生，才逐步建立了自己的学术研究领域。1995 年晋升为教授之后又过了两年，被认定为博士生导师，才开始招收自己的学生。相对而言，我是幸运的，有老师帮助。而对于新来的人来说，两眼一抹黑，真会是叫天天不应、叫地地不灵，学术研究工作是很难开展起来的。

不是身份，是教师的工作权力

1998 年我担任化学院的院长，更多地了解青年教师的状况。当时学院有四五十位青年教师，真正建立起自己学术领域的寥寥无几，多数都是在大的课题组中做一些辅助性的学术工作。1999年学校实行岗位聘任制，这些青年教师开始考虑个人的未来发展问题，很多都转岗或出国了。仅那几年，化学院就有二十几位青年教师出国，其中很多都留在国外工作和发展了。

青年是最具创造力的时期，我们理应为他们提供更好的学术发展环境。"985工程"实施之后，化学院就开始为部分新聘教师提供启动经费，并积极推动副教授担任博士生导师。我们的建议得到了时任研究生院常务副院长的周其凤教授的大力支持。我记得，我们第一次推荐两位年轻的副教授担任博士生指导教师时，学校学位委员会没有批准。第二年又推荐了两位青年学者，我还在学校学位委员会上，介绍了学院的基本考虑及两位青年学者的情况，得到了委员们的支持。这可能是中国研究生教育史上副教授担任博士生导师的先例。

博士生导师原本不是一种身份，而是一项工作。过去，中国大学的博士生导师要在教授中遴选，从而逐步形成了博导是高于教授的一种学术身份。一些人还把博士生导师印在名片上，这些都是由特殊的历史原因造成的，也是很正常的。但随着学校的发展，我们引进了很多有潜力的优秀青年学者，而这种制度使最具创造潜力的学者荒废了宝贵的时间，阻碍他们更快地成长，已经成为学校发展的桎梏，必须要改变。

我在担任学校领导职务之后，一直在努力推动这个转变。但是，人们的观念转变是很艰难的。我曾与时任研究生院常务副院长的张国有教授多次讨论这件事情。张国有教授是一个做事情谨慎，又很有办法的人，他当时设计了三套方案，院系可以根据自己的情况选择。第一种是完全放开，所有的教师都具有博导资格；第二种是维持原来的体系，仍然只有教授才能申请，但把博导资格认定下放到院系；第三种是介于两者之间，副教授可以担任博导，但仍需院系学位委员会认定。由于改革方案设计得比较周全，工作推进得非常平稳。大多数理工科院系都选择了第一方案，很多文科院系选择了第二方案，还有一些选择了第三方案。大家都各得其所，学校的想法既在部分院系得到落实，各个方面也能相安无事。这项博士生导师制度改革对学校的后续发展意义非常重大。

在随后的几年中，学校建设了一批新体制的院系和跨学科中心，实施了专门引进青年学者的"百人计划"，开始较大规模地引进有潜力的优秀青年学者。学校制定了一系列倾斜政策，如配备较大规模的启动经费、直接担任博士生导师、博士生名额指标向青年学者倾斜等，这些措施大大增强了学校的人才竞争力，使学校的学术队伍状况发生了根本性转变。

相信青年人的潜力

大学是教师发展的平台，学校的一个重要责任是使教师更好更快地成长。让所有新聘教师都有指导博士生资格，既是教师的一项基本权利，也是青年教师学术发展的最基本条件。院系领导和资深教师有责任帮助青年教师，这是院系发展的根本。我们不应当为了短期的利益，忘记了初心，忘记了大局，忘记了根本。我们很多院系做得很好，为了支持青年人的发展，不仅让青年学者直接担任博士生导师，还给他们更多博士生名额。有的院系还在教师报到之前，就事先帮助选好了学生，使他们一到学校，就能很快把研究工作开展起来。

最近，看到一篇关于青年学者黄岩谊工作的报道。黄岩谊回国后，用六年多的时间发展了一种全新概念的测序方法——纠错编码（简称ECC）测序法，使测序精度大幅度提高。他能够心无旁骛地从事这项困难的研究，一方面得益于谢晓亮教授领导的生物动态成像中心宽松和跨学科的氛围，另一方面，学校对"百人计划"学者较强的启动支持，以及直接担任博士生导师等政策，使他很快就组建起了自己的学术团队，拓展了自己的领域。

像黄岩谊这样的青年学者在理工科院系中还是很多的，他们满怀创造激情，带领自己的团队，开拓出了一片属于自己的学术领域。这使我想起"指鹿为马"的典故。虽然典故的原意是说赵高混淆黑白、陷害忠良，但把这个典故用在青年学者的培养和成长上，还是别有一番意味的。实际上，在北大工作的青年学者都是很有潜力的。如果我们真心把他们当作千里马，提供好的基础条件，提供自由的发展空间，让他们在广阔的原野上去奔驰、去竞争，最后他们可能就真的成为了千里马。如果把他们关在圈里面养，没有条件，没有发展空间，就只能吃了睡，睡了吃，不会有什么大出息，至少肯定不会成为千里马。

新聘教师直接担任博导，对青年教师的成长还是很重要的。实行了这个制度的院系，青年学者的发展都比较好，反之，发展就差一些。当然，还有很多其他因素会影响青年教师成长，但给予青年教师指导博士生资格无疑是其中非常重要和具有决定性的因素。指导博士生对年轻人是一项挑战，会激励青年教师更努力地提高学术水准，拓展学术研究领域，也会使青年教师更加自信、更有责任感。另外，新聘教师直接担任博导，会促使院系提高选人的标准，更加用心地去寻找更有潜力的年轻人。全面实行新聘教师担任博导制度，也是北大的一个承诺，表明学校非常关注青年学者的成长，将为他们提供全方位的帮助。所有这些都有利于提高学校的声誉和人才竞争力，使更多优秀青年学者更愿意加盟北大。

有些人担心博士生培养质量会受到影响，实际上大可不必过于担忧。学校已经实行了师生双向选择，学生会选择最适合他的导师。另外，我也相信青年教师会更用心，会在学生身上花更多精力，这对提高博士生培养质量是有利的。很多理工科院系和部分文科院系的实践表明，这项措施对青年教师成长和博士生培养质量都有好处。

我们创建世界一流大学有两个方面要特别关注：一是学生是否受到最好的教育，二是学者是否能够得到很好的发展。如果这两点都做得很好，优秀的学生和教师都会云集而至，反之，就会离心离德，优秀的人就离你而去，学校的状况会越来越糟糕。院系也一样，即使在同样的外部环境中，院系的发展也是很不平衡的，其中影响最大的是院系领导的理念、院系制度和文化等。卓越的领导有广阔的胸怀和远大的抱负，希望更强的人加盟，因而会努力地营造良好的发展环境和公平公正的制度文化，为青年人的发展提供更好的条件，带领大家持续稳定地发展。

6

栽花与插柳

有一句老话"有心栽花花不开，无心插柳柳成荫"，讲的是做事情未必总是能随心所愿，但只要用心，也许会有一些意料之外的惊喜。学校的学科建设都会选择一些领域进行重点支持，但有时候重点支持的还没有成果，那些没有太关注的领域却结出了丰硕果实。

学科建设的本质是学术环境和氛围的建设，基础条件和学术平台是硬环境，学术队伍和体制机制建设就是软环境了。好的学术环境和氛围会激发更多人的创造潜力，给我们带来很多惊喜。

营造好的环境

"985工程"开始时，我担任化学院院长。当时的科研基础条件是比较差的，教师队伍青黄不接，连一些最基本的公共设备都很缺乏。学校为化学院安排了三千万元学科建设经费，在当时是从未有过的巨大投入。学院决定，除预留引进人才经费之外，重点用于改善公共实验条件。方案确定之后，大多数老师都很赞成，但也有一些反对的声音。一天，学校负责学科建设的羌笛老师很严肃地约我谈话。有人向学校反映，认为化学院的建设方案"撒胡椒面"，偏离了学校确定的重点领域。我当时向他详细介绍了学院的基本思路。学科建设的目的是营造环境，调动起大家的积极性和创造性。如果我们能够改善学术研究的基本条件，大家的积极性就会起来。如果把资源只给少数学科或少数人，只是营造了小环境，调动了少数人。我也对学校的"择优扶重"的观点提出了质疑，认为这很容易被误解为只"支持已有的强势学科"。学科建设当然要考虑已有基础，但更重要的是进行前瞻的学科布局。后来的事实证明，我们当时的战略选择是正确的。基础条件和环境的改善调动了教师和学生的热情，东方不亮西方亮，很多领域进步都很快，这为后续发展奠定了基础。

前瞻布局很重要

学科布局和方向是非常重要的，可以说是定义了一所学校。选择发展哪些领域，不仅要考虑学校已有的学科基础，还要考虑学科发展的趋势以及国家的需求。如果我们用三个圆圈，分别代表学校已有的基础、前沿领域和国家需求，并把圆圈部分重叠，就有几种不同类型的重叠区域。三圆重叠在一起的部分既是学科前沿，又是国家需求，学校也有基础，这是应当重点建设的。两个圆重叠领域也是很重要的，但要根据实际情况做出选择。例如，我们要创建世界一流大学，必须要在一些主流的前沿领域布局。如果学校在这些领域有基础，固然很好，但对一些非常重要的领域，即使现在没有很好的基础，也要进行前瞻性布局。

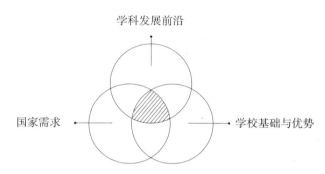

大学的基础、前沿领域和国家需求示意图

在很多情况下，我们还要把眼光放得更长远一些，大胆跳出原来的格局，在关键节点上做前瞻布局。例如，北大以往的工科主要集中在信息、环境等领域，而材料、生物医学、能源、控制等工程领域几乎是空白。这种状况对学校的整体学科发展是非常不利的，很多理科的学术研究，需要这些工程学科的支撑，而医学的发展更是如此。北大工学院就是基于这样的战略思路建立的。正是由于这些早期的学科布局，才有了今天学科的蓬勃发展。

定量社会科学布局也有类似的思路。北大的社会科学基础比较好，经济学、政治学、社会学和法学等都比较强，但采用的研究方法比较传统。近年来，田野调查和数据分析方法发展很快，我们应当在这些方向上有所布局。在开始阶段，我们把重点放在队伍准备和人员培训上，邀请了一些国外学者开设课程和研讨班。定量社会科学要以调查数据为基础，为此，学校组建了社会调查中心，开展一系列学术性的田野调查，建立以家庭跟踪调查为代表的数据系统。田野调查需要专业化队伍和较大投入，经过十多年积累，北大社会调查中心已经成长起来，成为自然科学基金委重点支持的项目。目前，调查数据已向社会公开发布，被广泛用于中国社会科学的各类研究，奠定了北大在中国定量社会科学发展中的地位。

前瞻布局要依靠学者，特别是具有战略思想的学者。北大早期在智能科学、环境科学等领域的布局，都得益于学者的战略思考和建议。化学生物学是一个新兴的交叉学科领域，是在分子层面研究生物体系。三十多年前，老一辈学者就开始关注生命体系中的化学问题，化学学院和药学院都分别组建了化学生物学系，并在深圳研究生院组建了化学基因组学实验室。这些早期布局，使生命科学与化学建立了紧密合作，最近的一些重大进展都与前期的布局相关。

站在未来的考虑

中国是一个发展中的大国，面临的问题和挑战很多也很复杂，要解决的问题更多更难。我们不可能面面俱到，只能有所取舍。取舍的原则除了考虑学科前沿、学校基础和国家需求等因素之外，还要考虑国家和世界发展的趋势。中国国际地位提升和"一带一路"战略的实施，要求我们加强区域文化、历史、政治和经济等方面的研究，这是新要求，也是新挑战。我们将区域与国别研究作为重点发展领域，通过人才培养和学术研究平台，引导更多院系和学者关注这个重要领域。另外，随着人们生活水平的提升，健康成为社会关注的热点，国家对提高医疗卫生水平也高度关注。我们在临床医学方面有很好的基础，理工科也很强，两者的结合将是北大最具发展潜力的领域。最近，学校设立了"临床医学+X"项目委员会，鼓励其他学科与临床医学的深度合作。这些布局上的调整，将会改变北大学术发展的整体格局，为学校发展带来更大的生机与活力。

国外很多大学也在重新思考战略定位。每次去国外大学访问或接待来访，我都与校长们讨论学科发展战略问题。一般地说，欧洲的大学更加关注人类面临的重大问题，如资源、环境、能源和人口等等。美国的大学更注重国际化、信息和健康领域。从他们的战略选择，大致可以看出这些国家和地区的关注热点和视角。不久前，日本大阪大学两位常务副校长来访，专门介绍了他们的发展战略，希望听取咨询意见。大阪大学的发展很好，为应对未来挑战，制定了以"开放"为核心的发展战略，提出要加强与社会各界在教育、研究和学科建设方面的合作，特别要加强与企业的全面合作。他们认为日本的企业比较注重工艺过程，但原始创新能力不足，通过与企业合作，不仅可以提升大阪大学的学术影响力，也可以获取更多社会资源，推进日本企业的创新能力。实际上，中国大学和企业也面临同样的问题。最近，我们理清了学校的"核心使命与外延任务"之间的关系，确立了加强与地方政府和企业合作，开展了应用技术研究院建设的试点工作。

学者之间的协同

学校的学科建设和发展，"人"是最核心的要素。学科布局也是由"人"构成的，没有优秀的学者，学科布局只是一个空中楼阁。

过去十多年，我们始终坚持"以队伍建设为核心"的原则，把重点和资源都集中在了"人"上。在学科布局和队伍建设上，我们特别关注学者之间、学科之间的交叉合作，始终坚持"以交叉学科为重点"和"以体制机制创新为动力"。这些学科建设的原则都是强调"氛围"。这里讲的"氛围"并不是学校的物理环境和条件，而是人与人之间的联系。人们是互为"氛围"的，你是他的氛围，他也是你的氛围，但前提是要有相互联系和相互需要。如果学术队伍的学科结构不合理，学科背景相似就不会有合作的需求，虽然天天见面，但只能是"鸡犬之声相闻，老死不相往来"，也就不能互为"氛围"了。

"人们是可以互为氛围的"这一概念非常重要。这也是优秀大学与平庸大学的重要差别。优秀大学的杰出学者比较多，杰出学者更愿意交流和合作，他们之间的思想碰撞、相互合作，会产生更多新的学术思想和学术发现。如果把平庸大学比作一片茫茫的草原，其中的杰出学者就像是草原上的孤树，或者像是鹤立鸡群，缺乏思想的交流和碰撞，无论浇灌多少营养和水分，都很难长成参天大树。而卓越大学则更像是一个繁花似锦的百花园，学者之间交流协同，即使随手插一根柳枝，它也会从肥沃的土壤中汲取营养，生根发芽并茁壮成长。我想这就是我们所期望的未来的北大。

7

我们需要什么样的智库

　　十多年前，智库在中国还没有现在这样时髦，很多人也还不知道智库为何物。当时建设林肯研究中心的初衷纯粹是为了提高北大对土地政策的研究和教育水平，但谁也没有预料到林肯中心能够成为中国城市发展和土地政策最重要的智库。坚持学术至上，保持平和开放的胸怀，坚守"功成不必在我"的利他原则，才能真正成为有价值的智库。

北大林肯中心[1]建立十年了，在北大与美国林肯土地政策研究院合作的研究中心成立十周年庆祝活动上，美国林肯研究院董事长林肯女士、政府研究机构和智库的代表，对北大林肯中心十年来的成就给予了高度评价，认为这是一个独特的、国际化的国家高端智库，为中国城镇化和财税体制改革做出了不可替代的重要贡献。

最近几年，国内有一股智库建设的热潮，各大学纷纷都在建立各种各样的智库。但政府各部门的反应并不是很正面，认为虽然智库提供的报告和建议不少，真正有价值的却不多。实际上，智库报告和建议应当建立在对问题的深入研究和理解之上，这需要非常强的学术研究基础。如果只是泛泛地收集一些资料，再加上些不痛不痒的评论和建议，的确没有什么意义。如何成为一个好的智库呢？北大林肯中心的建立和发展虽然有其特殊性，但仍不失为一个可以借鉴的例子。

关注切实问题

21世纪初，美国林肯研究院就开始关注中国的土地和城镇化问题。研究院时任总裁英格拉姆博士曾经担任过世界银行副总裁，对中国的发展非常关注。2005年我们第一次见面的时候，他就提出与北大合作建立土地政策研究机构的设想。我当时提出一项要求，要有一位有国际影响、了解中国实际情况，也能与各方合作的主任。之后的两年里，我们每年都会面，商谈合作的有关事宜。后来，他

---

[1] 北大林肯中心：即北京大学—林肯研究院城市发展与土地政策研究中心。中心成立于2007年，是由北京大学与美国林肯土地政策研究院共同创建的一个非营利性质的学术研究机构。

带来了当时还在美国任教的满燕云教授，满燕云教授就成为了北大林肯中心的第一位主任。

北大林肯中心一开始的起点就很高，也很开放。一方面，美国林肯研究院在美国有广泛的学术联系，有一批造诣很深的专家。另一方面，北大的学术声誉也使中心很快聚集起了一大批国内的专家学者。满燕云教授不仅是一位杰出的学者，也是一位出色的管理者。在她的领导下，北大林肯中心很快就组建了一支很专业的管理团队，提供高效和周到的服务。中心通过设立课题、组织学术研讨等方式，就中国在土地政策、城镇化、税收等方面的重大问题，进行深入的研究和讨论。

最初几年，我担任中心的理事长，每年都要听取中心的工作总结汇报。据我了解，中心不仅在中国房产税和地方财政、城市发展与规划、土地和住房政策、环境政策与生态保护等宏观政策方面进行了系统而又深入的研究，提出了大量的政策建议和报告，而且还就这些政策实施中的关键问题，如针对房产评估的制度设计、方法和技术等实际操作问题，进行了区域性的示范和试点，建立了符合中国实际的评估方法，培训了政府和第三方机构的工作人员。这些都为国家房产政策的调整和实施提供了有力的学术支撑。

中国的土地所有制与其他国家不同，城市土地归国家所有，农村土地归集体所有。在计划经济模式下，土地的价值并没有显现出来。在市场经济条件下，土地价值凸显出来，推动了地方的社会经济发展，但由此也产生了一系列问题，如地方的土地财政、农民利益、房地产市场调控与保障等等。这其中很多是中国独有的问题，并无先例。北大林肯中心的独特作用是把国内外最优秀的学者和政府管理者聚集在一起，针对中国的实际和问题，开展深入的学术研究，提出政策建议。因此，他们的研究和政策建议，不仅蕴含了深厚的学术基础和丰富的国际经验，也非常贴近中国实际，更是政府最迫切要解决的问题。例如，他们对中国住房市场类别的划分、市场与保障、租赁市场等问题的分析，成为国家建立房地产市场可持续发展政策的主要依据。前些年，中心还组织了大批国内外学者，对世界各国的财税体制进行了比较和研究，提出了稳定政府财政占GDP 的比重和中央在财政收入中的比重的重要建议，这已经成为国家税制改革遵循的基本原则。

价值坚守

与动辄发布吸引眼球论调的一些智库不同，北大林肯中心一直默默坚守着提供学术支撑的定位。建立学术平台、组织项目研究、提供项目资助、聚集优秀人才，虽然北大林肯中心一直扮演着中国土地政策研究中心的角色，但始终坚守"功成不必在我，功力必不唐捐"的精神，甘于搭建平台、充当桥梁，汇聚国内、国际顶尖学者，形成团队协作。

林肯中心还是链接国内外优秀学者的桥梁，把中国的改革经验及学术研究成果与国际学界分享。过去十年，北大林肯中心共资助了 70 多项研究课题，受资助的人员来自全国 30 多所大学和研究机构。同时，中心还资助了国内 20 多所高校的 130 余位研究生、50位本科生，还特别资助了 25 家国际机构开展中国问题的研究。在学术研究和传播方面，中心共编著、翻译出版了 23 部中英文专著、10 期研究简报、200 余篇工作论文、40 余册专题报告。还为各级政府培训管理人员数千人，举办学术讲座、学术会议近百场。

北大林肯中心一向低调务实，从不争功、不出风头，甘当人梯，他们所做的很多事情至今鲜为外人知道，但他们努力为中国土地和财税政策研究培养人才，积累学术力量，也为国家的改革发展提供政策依据。我想，这才是一个真正的智库应当有的行为方式和工作模式。

北大林肯中心的建立恰逢中国社会经济的快速发展时期，可谓生逢其时。过往十年，中国城镇化发展异常迅猛，堪称世界史上前所未有的奇迹，许多城镇化议题，如城市发展、土地政策、房地产经济等等，都关乎国家发展和国计民生。对于北京大学和美国林肯土地政策研究院来说，这也是充分发挥各自的学术潜力，推动中国发展、提高北大学术影响力的难得机会。

作为主办方，北大努力为中心的建设和发展提供全方位的支持，除了强有力的学术支撑之外，还尽可能提供好的政策环境和工作条件。美国林肯研究院对北大林肯中心发展的信心非常坚定，即使在最困难的时候，也始终给予中心全力的支持。北大林肯中心每年的运行经费高达 200 万美元，而且主要来自美国林肯研究院。

2008 年，全球发生金融危机，美国林肯基金会也遭受了重创！当时，我很担心中心经费是否有保障，曾与英格拉姆总裁谈及此事。他坚定地告诉我，北大林肯中心是美国林肯研究院的重点，全体董事会成员都很支持。为了保证北大林肯中心经费不减少，他裁撤了美国林肯研究院的一个部门。他的这种胆略和远见很令我感动。十年磨砺，我见证了双方的精诚合作，也目睹了北大林肯中心从抽芽吐翠到渐成参天之势，成为中国在土地和财税领域最重要的学术机构和智库之一。

新时代的智库研究体系

中国发展正面临重要的战略机遇期，既需要大学提供强有力的人才支撑，也需要大学提供有价值的政策和咨询建议。但我们的政策咨询意见一定要建立在深厚的学术研究基础之上，建立在对中国国情和实际问题的深刻理解之上。因此，甘于坐冷板凳和甘愿为他人做嫁衣裳应当是高水准智库的基本心态；坚守学术独立、兼容并蓄、广纳贤良、精诚合作，应当是高水准智库的基本准则。中国的政治制度和经济体制与众不同，社会和经济发展模式也独具特色，中国的发展模式不仅是中国的，也是世界的。

我们创建中国特色的世界一流大学，不仅要立足中国，解决中国问题，还应当面向世界，以中国的视角观察和研究世界，建立中国的学术体系，这不仅需要中国学术界的共同努力，还要聚集全世界的优秀学术力量和资源来研究中国、研究世界。近年来，我们以国家发展研究院、国际战略研究院、中国社会科学调查中心等为基础，组建了学校的智库研究体系，都是在这样的基本原则下进行的。这些机构不仅为国家的改革发展提供了众多好的建议，也为北大的人才培养、提升学术影响力和"双一流"建设，做出了重要贡献。

家庭跟踪调查

家庭跟踪调查是北大在人文社科领域的重点规划项目，迄今已经实施十多年了。从任何意义上讲，这个项目取得的学术成就和影响都是深远的：它既真实地记录了中国社会发展的轨迹，奠定了北大定量社会科学的基础和地位，也为人文和社会科学提供了宝贵的学术资源。另外，项目规划和建设本身，也反映了北大学者的学术远见、学术风格和学术胸怀，展现了北大学者的合作精神和蕴藏的巨大潜力。

最近几年，北大每年都会出版一到两册主题为"中国民生报告"的书籍，这是利用家庭跟踪调查数据（CFPS）所做的系列分析报告。北大的家庭跟踪调查是在全国范围内的调查，长期跟踪一万多个家庭中的每个成员，以记录和研究中国社会的发展和变迁。最近，谢宇教授送了我一本他主编的《中国民生发展报告2016》，这本书不仅报告了家庭跟踪调查的结果，还对一些相关的问题进行了比较深入的分析和研究，是一份很有学术水准的实证性研究报告。看到学者们十多年的辛勤劳动已经结成硕果，我真为他们感觉自豪和高兴。也想借此回顾一下北大中国社会调查中心的缘起和发展之路，也许能为其他领域的学科建设提供一些借鉴。

缘起·人文社科的跨学科尝试

十多年前，我当时还在北大担任主管学术的副校长。为制定"985工程"的学科规划，组织教师讨论学校的学科发展思路。对北大来说，学科和院系的格局已经基本形成，但院系发展的状况参差不齐，调整起来是比较困难的。可以设想，对一个传统很强、包袱比较重的院系而言，任何机制上的调整都会遇到观念上的巨大阻力，因此院系调整是需要适当时机的。根据学校的实际，我们提出"以队伍建设为核心，以交叉学科为重点，以体制创新为动力"的学科建设指导思想。这是一个很有针对性的原则，可以暂时不触及已有院系，集中力量建设一些新的跨学科领域。

北大新建的跨学科机构主要在理工医等学科，人文社科领域的比较少。并非人文社科不希望跨学科的合作，事实上，他们的合作需求和积极性比理工科更高一些。在人文社科领域，北大的虚体中心有两百多个，多数都是具有跨学科性质的研究机构。这些虚体中心多数是针对某些问题或研究领域，由教师自发组织起来的，学术研究力量不是很强，学术影响力也比较小。

当时我们提出了能否在学校层面组建人文社科跨学科中心，大家都很赞成，但对于设在哪些领域、如何建设等问题，大家还是众说纷纭，很难抉择。当时北大负责人文社科的副校长是张国有教授，他与社科部和院系的学者一起，前后花了近半年的时间反复研讨，探讨的焦点是人文社科发展的趋势是什么、如何提升北大人文社科长远竞争力等问题。最后大家形成了一个共识，认为中国正处在一个快速发展和变化的时代，我们的社会经济状态随时都在改变，这是一个非常难得的，且不会再重复的历史时期，应当有一个社会调查机构纪录并研究这个历史过程。当然，国家统计局每年都要进行各类的调查，但他们的调查主要是为政府制定政策服务的，其取样方式、问卷设计并不完全适合学术研究。经过反复研讨斟酌，大家一致认为，北大应当建立一个"社会调查中心"，重点开展"中国家庭追踪调查"，为中国的社会科学研究提供具有普遍性和基础性的调查数据。

这项建议使所有与会者都很激动，说实在的，就连我这个理科学者也为他们的计划激动不已。建立一个跟踪和了解中国社会状况、记录中国社会变革的"中国家庭追踪调查"，可以从根本上奠定北大社会科学定量化的教育和学术研究的基础，还可以促进学科间的合作与融合，这应当是人文社科领域的一项重大基础性建设项目。

推进·基于数据的社科研究

为推进项目建设，我与一些同事访问了密歇根大学的社会调查中心。密歇根大学的家庭跟踪调查从 20 世纪 40 年代开始，现在还一直持续着，形成了一套应用很广的社会变化基础数据。据他们介绍，欧洲一些国家正在开展类似的调查，并认为，如果将来能够形成一个世界性的数据网络，将是非常有意义的事情。当时，我们就与谢宇教授商讨了北大调查中心的建设思路，并请他帮助邀请了一批世界著名学者担任中心的国际顾问，由他亲自担任顾问委员会主席。回国之后，学校组建了社会调查中心的管理委员会，十几个人文社科院系都有代表参加。

学校在 2006 年正式建立"北大中国社会调查中心"。第一任中心主任是社会学系的邱泽奇教授，面对这样一个从来没有做过的复杂项目，他全力以赴，组织了一支专门队伍，建立起了工作流程和技术条件，把家庭跟踪调查（CFPS）项目真正启动起来了。中心的第二位主任是政府管理学院的李强教授，在他的领导下，社会调查中心得到国家自然科学基金委的支持，成为了基金委的管理科学数据中心。

过去十年，调查中心开展了几轮家庭跟踪调查，还与学者合作，开展了"中国健康与养老追踪调查"。CFPS 是一个非常好的基础数据平台，在此基础之上，中心开展了很多学者合作的专项研究。另外，社会调查的技术和方法也全部实现了数字化，调查数据的质量得到同行的高度认可。目前，我参加了北大社会调查中心的十周年庆典，现在的社会调查中心已今非昔比。从 2009 年开始，北大家庭追踪调查的数据面向学术界开放，目前已经成为应用最多、学术成果最为丰硕的开放性社会调查数据。今天的北大中国社会调查中心已经成为国际影响力很大的数据收集和研究平台，这是非常令人高兴和欣慰的。

基于调查数据的社会科学实证研究与自然科学是很类似的，是在对客观事实观察的基础上进行理论分析。当然，社会现象的复杂性要远远超过自然现象，人们在取样和分析中更要遵循客观规律，一方面要避免偏见和主观臆想干扰学术判断，另一方面，也不能为了迎合而丧失学术准则。探寻规律、追求真理是我们永远的追求。

展望·跨学科项目建设

今天，信息化已经深深地嵌入到社会生活的方方面面，人们的各种行为都被数字化了，在社会经济的各个领域都积累起能够在一定程度上表征人们行为的海量数据，社会科学的定量研究正酝酿着新一轮的变革。当然，对于海量数据，我们现在还没有建立起系统的科学分析方法，还不能从中得到我们希望看到的学术结论。但毫无疑问的是，随着人们对数据科学认识的深入，海量数据一定会在人文社会科学的研究中发挥越来越大的作用。但是，我也不认为海量数据会代替社会调查，社会调查特别是家庭跟踪调查对问卷和数据采集的科学设计和成熟的分析方法，以及问卷所包含的对人们心理和行为的科学内涵，都是其他数据形式难以企及的。社会调查和海量数据具有很大的互补性，未来的定量社会科学研究应当建立在两者基础之上。社会调查是一项很复杂的工作，除了问卷设计等学术性工作之外，信息化系统、田野队伍的组织和培训、与地方官员和机构的沟通协调等，都是非常繁重和精细的。

我非常感谢所有参与调查中心建设和运行的教师和工作人员：谢宇教授一直主持 CFPS 项目的设计；李强教授主持调查中心的管理和运行；调查中心的前主任邱泽奇教授在早期的建设中做出巨大贡献；姚洋和很多老师都参与了中心的运作和管理。当然还有很多在第一线做具体管理工作和业务的人员，正是他们的不断开拓和努力，为北大中国社会调查中心的建设和运行奠定了基础。

回首过去十多年间，我们在北大陆续建设了十几个跨学科的研究中心，这些机构不仅拓展和丰富了学校的学科布局，也尝试了预聘制、预算管理等新的体制机制，聚集了一大批高水平的资深学者和青年学者，大大增强了学校的整体竞争力。由于树立了更高的学术标准，激发了院系深层的积极性，促使院系的队伍和学科建设也取得了长足进步，这是当时完全没有预计到的。北大中国社会调查中心无疑是其中的杰出代表。最近，学校提出要进一步加强和人文社科的跨学科合作，并建立起"临床医学 +X"和区域与国别研究学科建设委员会，统筹这些跨学科领域的建设和发展。但真正做好学校的跨学科领域建设，还是要依靠学者们的积极参与，这是学校发展的真正动力和源泉。

学术自由与学术规范

对学术研究，特别是理论前沿问题，需要鼓励自由畅想、大胆假设、认真求证，勇于提出独到见解、创新观点。高校应该有研究未知、探索新知的氛围，有鼓励争鸣、学术创新的空气。

——习近平总书记在全国高校思想政治工作会议上的讲话

学术自由仿佛成了敏感的话题，大家都避而不谈，但对大学的学术研究和人才培养而言，这是一个无法回避的话题。对国家也是如此，实现全面小康和民族伟大复兴，迫切需要思想、理论和科学技术的创新，而学术自由是创新的基石。

在中华民族伟大复兴的新时代，我们的大学需要实现从学习到超越、从跟踪到引领的转变，这更需要营造宽松自由、严谨求实的学术氛围，把师生的创造潜力充分发挥出来。

习近平总书记曾专门谈学术自由的问题，强调要坚持学术自由与学术规范的统一。对于学术规范，他指出："不能把探索性的学术问题等同于严肃的政治问题，也不能把严肃的政治问题当成一般的学术问题。高校不少学科教学科研工作具有较强的意识形态属性。只要是学术问题都可以研究，但学术成果怎么使用要有个规范，课堂上怎么讲也要有个规范。"

学术自由，一个无法回避的话题

实际上，学术自由并不可怕，在长期的学术发展过程中，学术界已经形成了一套行之有效的学术规范，约束和要求人们正确地行驶学术自由的权利。

在实践中，的确有个别人不遵守学术规范，在社会上产生了一定负面影响。由于大家对学术自由和学术规范的关系认识不清，一些学术机构并没有相应的制度规范，也没有理直气壮地规范人们的学术行为，这种状况引起了人们的担忧，也加大了理解上的分歧。

我们应当认真研究学术自由与学术规范的关系，完善制度，帮助并要求学者正确地行使学术权利，既维护国家安定团结的大局，也使学术创新无后顾之忧。

按照学术界通常的理解，学术自由主要涉及两个方面：学术研究的自由和学术表达的自由。

关于学术研究的自由，历史上的确曾经受到一些外来因素的制约和影响，有政治上的、经济上的，也有观念上的、宗教上的和民俗上的。但到了近代，人们已经达成了一些基本共识：学术活动是探索性和创造性的，只有当人们的思想不受任何束缚和干扰，全身心地浸润其中，才能充分发挥人的内在创造潜力，真正产生对国家发展和人类进步有意义的思想和理论成果。

在一些特殊领域或特殊条件下，人们对学术研究自由的限度也有一些争议，例如，在生物医学领域，学术研究要接受生物伦理的核查。在一些国家，由于宗教和习俗等原因，人们也曾对国家资助方式与学术自由的关系有过一些争议。最近有关转基因作物应用的争议，也与此有关。但这些都是学术发展中的认识问题，通过学术界内部探讨和对话，是不难形成共识的。

学术表达

学术表达涉及学者与社会公众的关系问题，情况略微复杂一些，也是政府部门较为关注的问题。表面上看，在不同社会制度的国家中，对学术表达的理解和要求是不同的，但本质上很多原则都是相通的。

学术表达与一般的民众表达是不同的，前者属于学术自由的范畴，后者属于言论自由的范畴。

对一般的民众表达而言，发言者的目的就是表达个人的看法，听众不会假定发言者的观点一定正确，因此，双方是平等的，听众也是宽容的。而学术表达则不同，学术表达是阐述和传播专业知识，主体是学者，表达目的是帮助听众提高认知能力。

在学术表达中，双方是不平等的，学者是专业领域的"权威"，而听众作为"外行"，只能信赖专家，并假定发言者的观点是科学和正确的。这与医生与患者关系类似。在看病过程中，医生与患者是不平等的。患者视医生为专家，认为医生的建议是正确和恰当的。因此，在学术表达中，听众要求学者提供的信息和知识是正确的、真实的和有价值的，即使在学术界内部，我们也不会容忍学者提供错误、虚假或无价值的信息。为了保障学术表达的正当性，学术界建立了很多自律性的制度和措施。

学术表达一般包含三种，分别是学术论文发表、课堂讲授和公共言论三种形式。

学术论文

学术论文发表是指在学术期刊上发表论文，是学者向学术界的一种学术表达。我们知道，研究论文的内容、方法和结果是要通过学术同行严格评审的，以保证论文的正确性、真实性，并且保证论文是有价值、有意义的。在学术界，没有人质疑这些审核的必要性和合理性，事实上，正是由于严格的同行审核，保障了学术研究的规范性和权威性。

课堂讲授

对于课堂讲授，我们遵循的基本原则是：学术研究无禁区，课堂讲授有纪律。我们都知道，校内课堂或讲座面对的大多是青年学生。他们正处于发育和成长期，世界观、人生观和价值观尚未完全形成，思想还不成熟，辨别力也还不足，因此，学者有责任保证传递的知识和信息是真实和正确的，是有利于学生成长的。

从教育和人才成长规律角度看，世界观、人生观和价值观的形成要经过对各种不同思想理论的学习和辨析。正如习近平总书记指出的："我们只有秉承尊重差异、包容多样的态度，才能在多元中立主导，在多样中谋共识，在多变中定方向，让一切有益的思想文化的涓涓细流汇入主流意识形态的滔滔大河。"

我们的课堂应当使学生学习和理解人类文明的精髓，保持对新理论、新事物的好奇心和想像力，培养独立精神和批判性思维，使他们在多元中建立正确的价值导向，在历史的比较中掌握马克思主义的观点方法，树立起正确的世界观、人生观和价值观，真正成为社会主义的合格建设者和接班人。

在教学实践中，有两种倾向需要高度注意：一是脱离实际的"假大空"倾向。课堂讲授也是学术表达，一定要讲真话，要接地气，要坚持科学的态度，实事求是，培养学生的学习能力、批判能力和独立思考能力。二是否定中国社会主义道路倾向。作为学者，应当用历史的观点、发展的观点研究和讲授中国和世界，不能不顾事实，简单地套用现成的理论和方法，把中国说成一无是处。中国的发展有成就，当然也有不足，这是一个历史过程。我们坚信中国道路，也坚信学生将会在中国发展的洪流中实现他们的理想。因此，我们要把中国故事生动地传递给学生，帮助他们掌握追求真理的思想和方法。由此可见，课堂讲授纪律的真谛是要有利于学生成长。

公共言论

学者的公共言论可以分两种情况：一是对其专业领域内的事物表达看法，二是对其专业领域之外的事物表达看法。

前者仍属于学术表达，前面已经做了一些讨论。在这种特殊情形下，学者应当自觉遵守学术表达的要求，向公众提供正确、真实和有价值的信息，学术界也保留审核和评价的权利。

后者已经超出了学术表达，属于言论自由范畴，学者首先要遵守国家法律的有关规定，不应发表任何有悖于国家法律和社会公德的言论；其次，学者对专业之外事物表达看法，也应当非常小心，因为对于社会公众而言，学者身份本身隐含着对真实和正确的承诺，即使在学者专业之外的领域，社会公众也会假定学者提供的信息是真实和经过科学验证的，是具有权威性的。

以前，我们常看到一些很著名的学者做商业广告，而且代理的产品与他们的学术研究并没有任何关系，这显然是一种不当的行为。商业广告并不遵循学术表达的规范，或许有的还带夸张甚至虚假成分，这会误导消费者，显然与学者的身份和社会责任是不相符合的。

尊重事实，揭示规律

在实际工作中，由于一些其他因素的介入，会使问题复杂化。

几年前，北大的一些学者出版了基于家庭跟踪调查的民生报告，其中涉及我们国家贫富差距问题。当时，各个媒体都做了广泛报道，引起了政府一些部门的关注。实际上，这是一个实地田野调查结果的报告，学者的实际调查和分析表明，我们国家贫富差距的确是比较大的，但最近几年一直呈现差距缩小的趋势，这应当是一个很好的社会进步的迹象。而媒体的报道只讲贫富差距很大，并没有关注贫富差距正在缩小的趋势。

这个例子提出了一个值得我们思考的问题：学术研究基于对客观事物的观察，探求客观事物背后的规律。无论人们是否喜欢，都必须尊重事实，因此，学者的思维方式是基于理性的。而媒体为了赢得公众的关注，常常会在报道中加上一些感情色彩。当然，我们不能责怪媒体，尽管新闻报道应当保持真实性和正确性，但毕竟不同于学术表达，而且，记者并非专家，我们很难要求他们全面和准确地把握学术研究成果的全貌和内涵。

学术争论有利于明辨是非

从学术的角度看，严肃的学术研究都要遵循学术规范，依据客观事实，遵循科学研究方法，探寻事物发展规律。但人文社会科学毕竟具有一定的意识形态属性，学者的政治立场不同，甚至生活经历不同，都可能会影响学者的学术思想和观点。因此，我们应当鼓励不同思想的碰撞和争鸣，真理越辩越明，这既对学术创新有利，对人才培养也是非常有利的。

习近平总书记曾讲过："思想活跃是大学的重要特征，各种思想观点在这里交汇，各种价值观在这里碰撞。'泰山不让土壤，故能成其大；河海不择细流，故能就其深。'"

不久前，北大国家发展研究院的学者曾就政府和市场的作用，进行了一场广受关注的辩论，引发了很多有益的学术讨论，这对中国经济学的发展是很有意义的。

我们的实践已经证明了中国道路的正确性，这是铁一般的事实，我们应该有充分的自信，面对各种不同的声音，发展和建立自己的理论体系。

学术自由是学术研究的根基，但学术自由也是有界限、有规范的，这是学术界普遍的共识。尽管社会制度和国家状况不同，对学术自由和学术规范尺度的把握上会有不同，但基本原则是相通的。学术上有不同观点，甚至争议都是很正常的，可以在学术规范的框架内解决。

学者是一个特殊群体，在社会公众眼中，代表了探究真理和崇尚良知，因此，学者应当更加自律，自觉遵守学术规范、国家法律和社会公德。

德国哲学家加尔夫曾说："良知的声音是寂静的，它在尘嚣之中难以被听到。"学问也是一样，它需要我们忘却世间的凡俗，在寂静中探求、思考和倾听。使学者静下心来，去自由畅想和创造，使学生静下心来，去安心学习和体验，我们的国家才能更有竞争力，我们的民族才能更有创造力。

第三章 授与育

中国的传统教育很注重『人』的成长，『学以成人』、『因材施教』等才是中国传统教育思想的主流，这些才是我们应当继承和弘扬的。

1

东西方文化思想与教育变革

　　任何国家的教育都建立在自己的文化基础之上。我们讲要建设中国特色的世界一流大学，也是强调要有自己的特色。什么是中国特色呢？作为中国的大学，一定要立足中国大地、融入中国发展、解决中国问题。但仅这些也还是不够的，中国的大学要建立在中国文化的基础之上。这里讲的中国文化是指吸纳了中华传统文化、西方理性和科学文化、马克思主义及其在中国的实践等一切文明传统的新文化。当然，这种新文化是需要我们一起努力去建设和完善的。

东方思想的智慧

第二十四届哲学大会将定于 2018 年 8 月在北大举行，会议的主题是"学以成人"。前不久，我们举办了一个启动仪式，几位国内外著名哲学家做了精彩的学术报告，其中一些观点很有启发。有学者认为，东西方文明是各自独立发展的，现在看的确是有很多差异，但从更大的历史角度看，其思想基础的发展轨迹有相似的规律性。西方主流的主客二分思想，是文艺复兴后期才逐渐形成的，早期的古希腊自然哲学推崇自然与精神的统一，这很类似于中国天人合一的观念。东方国家一直受中华文化的影响，到 19 世纪末，一些思想家开始向西方学习，试图找到国家振兴的道路，"民主、科学"以及主客二分的哲学思想也开始进入东方国家。

在我们的内心深处，中华传统文化的影响还是很大的，尽管我们没有大事宣扬，但"仁、义、礼、智、信"的思想还是深深影响着中国人的生活。我们讲究"和而不同"，这让我们的思想更加开放包容，愿意去借鉴和学习他人的方法和经验。我们讲求实际，这让我们不愿意受到现成理论的制约，更尊重事实，直接面对实际问题。我们崇尚"天人合一"，这给予我们更多关注自然、关注他人和关注家国的人文情怀。但传统文化并非都是精华，有很多思想理念不适合现代社会，如"君臣思想""轻民意识"等等。

改革开放是一次思想解放运动，打破了封闭状态，开始学习和借鉴西方发达国家经济发展经验。我们从发达国家的发展经历中学习了很多。让市场这只看不见的手发挥更大作用，充分发挥人的主观能动性。但我们并没有按照西方主流经济学理论，采用完全市场化的模式，而是根据自己的国情，摸着石头过河，走出了一条属于自己的社会主义市场经济的路。中国的经济体制改革历时四十年，从经济濒临崩溃边缘，到现在成为充满活力的世界第二大经济体，整个经济发展过程充分展现了中国思想文化的智慧。实际上，任何一个国家的发展模式，都是与民族的思想文化传统密切相关的。中国之所以能够走出一条渐进式经济转型道路，是因为中国文化讲究实际、开放包容、平和耐心。具有同样文化传统的越南，也实行了类似的经济转型。而受西方文化主导的中东欧国家，可能是更加相信理论的力量，因而走了"休克"疗法的道路。

学习与借鉴

改革开放的四十年，中国高等教育发生了巨大的变化。我们已经成为世界上高等教育规模最大的国家，基本上解决了"有学上"的问题。中国大学的学术研究水平也显著提升，为国家的改革发展提供了有力的学术和人才支撑。中国大学的这些变化也是从学习和借鉴发达国家经验开始的。我们加强国际交流，学习和交流管理经验；从世界各地引进优秀学者，一些学校实行了国际通行的教师预聘制，并建立了教师的国际评估体系；我们也努力营造宽松自由的学术氛围，让教师和学生的创造潜力能够充分发挥出来。

从思想文化层面上看，我们实际上是在学习和吸收西方文化中的人本主义思想，更加注重人的独立性和自主性，注重理性思维和概念抽象等。在实践上，我们打破平均主义和大锅饭，实行岗位聘任制和教师预聘制度，希望更好地发挥个人创造性。在一定意义上讲，我们走得更远一些。北大从 2005 年开始实行新的人事体制，最初只是在少数新建的学术机构实行年薪制，当时新老体制的薪酬差别还是很大的，但我们的教职员工都能够从大局出发给予理解。我们现在已经开始进行新老人事体制的融合，老体制教师的薪酬也有了很大改善，十多年后回过头来看，人们在整个过程中表现出来的宽容，还是很令人感叹的。

东西方教育思想

我们应当承认，在西方思想文化中，强调人的独立和自主、注重理性思维等观念是有利于学术研究和个人发展的。例如，他们更关注人的个性发展，从小就鼓励孩子不怕挫折和失败，去尝试新的事物等等。在高等教育中，他们推崇自由和博雅教育，注重素养品行，尊重学生的选择，注重培养学生思考问题的方法，鼓励个性发展等等。这些都体现了注重独立和自主的思想。

比较而言，我们的教育功利主义色彩更浓一些。很多家长生怕孩子输在起跑线上，从小就给孩子灌输很多知识，参加各种技能培训。大学教育专业化很强，教师更加注重专业知识体系的完整性，忽视学生的需要和成长体验，加上灌输的教育方式、死记硬背的学习和考试方式，忽略学生的探索精神和好奇心。这种功利主义的教育思想，并不是中国的传统文化和教育思想，也是与马克思关于"每个人的自由发展是一切人自由发展的条件"的观点相背离的。究其原因，可能是与中国在引入西方教育理念时，西方国家正处于工业化阶段有一定的关系，50 年代苏联教育思想也对其有很大影响，当然也带有中国"学而优则仕"思想的影子。实际上，中国的传统教育很注重"人"的成长，"学以成人""因材施教"等才是中国传统教育思想的主流，这些才是我们应当继承和弘扬的。

更有创造力的一代

新时代对中国高等教育提出了更高的要求。实现国家现代化，教育必须要现代化。我们必须要回应社会公众"上好学"的诉求，必须回应为国家经济社会发展提供学术和人才支撑的要求。所有这些都对高等教育布局、管理模式、办学理念、教育模式提出了新的挑战。

青年一代的创新能力是国家未来的希望，也是各国政府和大学最为关注的问题。创新能力当然是与大学教育有关的，但更重要的，是整体的环境和文化。学术研究和人才培养都是人类的探索和创造性活动，只有在没有任何思想束缚的情况下，才能充分发挥创造潜力。我们既应当坚持学术的独立性，充分发挥师生员工的积极性和创造性，也应当继承和弘扬中国传统文化中讲情怀、重实际、守纪律、爱他人的好传统，使师生树立高远的理想和情怀，为家、为国、为人类、为学术发展做出更大的贡献。

以色列是一个非常独特的国度，科学技术与创新创业都非常活跃。我曾向特拉维夫校长问询一个问题：是什么导致以色列成为一个充满活力与创新精神的国度？他认为最重要的有三点：一是犹太人在历史上遭受的磨难，以及处在敌对国家包围之中的国际形势，使他们始终有着强烈的危机意识；二是犹太人坚信一个信条，财富是可以被拿走的，但没有人能够夺走你的知识，而且在犹太人的文化传统中，认为一切都是可以质疑的，学生可以质疑老师，士兵可以质疑军官；三是无论男女，每个青年人都要参军，一些人在上大学之前还担任过军官，纪律性、危机处理能力和管理能力都很强，因而学生在大学里很主动，学习的目的性也很强。他还谈到，在以色列大学教书是一件很不容易的事情，你要随时面对一群有实际经验的学生的质疑。这种特殊的生存和文化环境，造就了现在的以色列。尽管以色列是一个很特别的例子，其他国家很难照搬，但还是很有启示，值得我们深思。

对中国高等教育，我们是有充分自信的。这种自信源于中华文化的包容性。我们不能囫囵吞枣、照搬人家经验，也不能固步自封、封闭僵化，而是要学习和借鉴一切有利于中国教育发展进步的思想和理念，这既包括西方理性文化的优点和长处，也应当包括中国传统文化和教育思想，这样才能走出一条我们自己的路。这种自信还来源于反思精神。我们有很好的文化传统，要继承和弘扬，但也要深刻反思、摈弃糟粕，使我们的文化更有力量、更适应未来。例如，我们注重和谐，会使人们讲人情、爱面子，不愿意提出严肃的学术批评，不利于形成良好的学术文化；我们讲求实际，会使人们忽视理论创新和逻辑体系的建立，不利于科学体系的建立和发展；我们看重"天人合一"，也会使人们忽视个人的主观能动性和进取精神，这对形成良性竞争和进取的创新文化也是不利的。

东西方思想的融合

西方思想文化强调人的独立性和自主性，注重理性思维和概念的抽象等，这对民主和科学的兴起与发展发挥了重要作用。但当今人类面临很多新的问题，资源、环境、人口、健康的巨大挑战，以及互联网、智能、基因组等技术对人类社会的影响等等，这些问题仅靠西方思想文化难以得到解决。人类是一个命运共同体，我们需要新的思想和智慧面对挑战。这是当代东西方哲学互融互通、探索新的思想观念的深层次原因。

北大著名哲学家张世英先生认为，单纯的东方或西方哲学思想，都无法解决人类今天面临的问题和挑战。当代东西方哲学已经开始互融互通，向着一种新的后主客体天人合一的方向探索着道路。这种新的思维方式，应当包括中国重视人与自然、人与人、民族与民族之间的和谐共存，以及讲求实际、开放包容的哲学思想，也应当体现西方哲学思想重视人的独立性、重视分析理性、重视概念抽象的主客体观念。

北大高等人文研究院教授杜维明先生从另一个角度阐述了东西方文化融合的必要性，他认为："没有同情的理性会成为冷酷的算计，没有公益的自由会成为自私自利，没有礼仪的法律会成为无情的控制，没有责任的权利会成为掠夺的借口，没有社会和谐，个人尊严就会孤立无援。相反，同情而无理性会成为溺爱，公益而无自由会成为强制，礼仪而无法治会导致腐败，责任而无权利会成为压迫，社会和谐而无个人尊严会成为控制的手段。"由此看来，无论是西方文化，还是东方文化，都有自己的优越性和局限性，相互融合、相互依存、相互促进，才能点亮人类未来发展的灯塔。

世界上曾有不少古老灿烂的文明，或因战乱，或因饥荒，都退出了历史舞台，只留下那些巍峨的断壁残垣，诉说着历史的沧桑。而中华文明五千年，虽也经历了万般磨难，却能一直延绵不断，不能不说是一个奇迹。中华文明就像是一块磁石，不断地吸收和包容着其他文明的养分，始终在不断地反思着、勇敢地革新着、顽强地进步着。中华文化的力量恰恰来自宽厚与平和，中华文化的自信恰恰来自谦逊与反思，中华文化的生命力恰恰来自革新与包容。对于这些，我们都应当在大学的建设和发展中时刻牢记。

教育改革任重道远

　　有一个问题一直困扰着我们：中国大学应当采用什么样的教育模式？对这个问题，已经有很多理论上的探讨和建议，但都很难经得住实践的检验，因为教育实践是要受到国情、校情的制约和限制的。现在，各个学校还在努力地探索和尝试各种不同的模式和方案。这篇文章是在北大教学工作会上的讲话，虽然并没有给出完整的解决方案，但启动了北大新一轮的教育改革。实际上，当方向确定之后，与其坐而论道，不如挽起袖子行动起来，在很多情况下，行动才是找到正确路径的最好办法。

培养模式的变革

中国大学现行的教育是比较典型的专业教育，这主要是从苏联的教育模式继承下来的。我们的培养方案是以院系为基础、以学科为中心、以培养专门人才为目标的。我们更加注重知识体系的系统性和完整性，授课方式是以教师为中心的大课讲授，师生互动相对缺乏，对学生的评价主要是专业课成绩，对学生的个性需求和发展关注不够，因此，教学和学习氛围是比较沉闷的。当然，我们这种模式也造就了很多优秀的专业人才，但我们的确发现不少高年级同学的自信心、好奇心和探究激情不似新生，这是我们需要特别警觉的。

我们一直都非常关注美国大学的博雅教育（liberal arts）。博雅教育注重整体素质和能力，旨在培养具有广博知识和优雅气质的人。我曾经与一些在美国私立研究型大学和博雅学院学习的学生聊天，尽管专业知识并不那么全面和扎实，但他们身上表现出来的自信、好奇、激情和进取，给人留下深刻印象。我认为，无论是进行专业学习，还是工作，如果能够始终保持这样的精神状态，一切困难都是可以克服的。

北大百年校庆之后，我们对世界主要大学的本科教育进行了研究，本科战略研究小组提出应当借鉴哈佛模式，在全校范围内实施宽口径的通识教育和完全学分制。当时校方比较慎重，决定建立"元培计划实验班"，先小规模试行，积累经验后再在全校推广。与此同时，在全校范围内开展了一系列改革，包括：按大类招生和培养；加强通识教育，建立通选课体系；调整专业培养方案，减少专业必修学时；开设第二学位，实施更灵活的转系、转专业制度；推进多样化专业教育体系建设和跨学科人才的培养；开放小班教学，增加探索性的实验与实践，鼓励学生参与教师的科研活动等。这些措施对提高本科教育质量的确发挥了一定的积极作用，但以院系为基础的专业教育模式一直占据主导地位。

我们需要什么样的教育

中国在变化，世界在变化，学生也在变化。今天的世界已不同以往，知识和技术创新在经济发展中越来越起到主导作用，科学技术快速进步、信息的传递和流动加快，这都使人才竞争、产业分工越来越全球化。环境、能源、健康和可持续发展等已经成为全球都要面对的共同挑战。今天的中国已不同以往，我们的国力迅速增强，经济总量已经排名世界第二，科技竞争力迅速提高，国际地位不断提升。但中国的发展也面临严峻挑战，我们的文化等软实力亟待加强，经济和社会面临艰难转型的局面，全面建成小康社会任务繁重。现在的学生也不同以往，他们是在互联网中成长起来的一代，获取知识的方式、生活方式都发生了很大的变化。应试教育、繁杂多元的社会思潮，给年轻一代的社会观念、价值观和人生观打下了深刻的烙印。

所有这些都对大学教育提出了新的问题和挑战。我们的教育必须给予学生更加广阔和生动的体验，使他们能够认识和发现自己，懂做人、懂社会、懂中国、懂世界；我们的教育应当给予学生更加鲜活的探索和创造的体验，增长知识，锻炼能力，增强自信，使他们更具独立、进取和开拓的精神，始终保持对新事物的好奇、激情和探究；我们的教育应当更加面向未来，使他们能够担当重任，成为引领未来的人。因此，我们不能够再停留在过去，应该审视过去，深刻反思，面向未来，勇于创新。

我们有能力提供更好的教育

刚从中学毕业的青年人，常常都是满怀热情、踌躇满志的。大学的教育是要使他们找到实现理想和志向的道路，而不能让他们失去信心和探索的勇气。博雅教育注重人的整体素质和个性的发展，认为应当在研究生阶段再进行系统的专业学习。从人的认知规律看，这无疑是一种很好的发展途径，但博雅教育的规模通常比较小、成本也比较高。专业教育是以系统的专业知识和技能为基本线索的教育，也可以讲是一种标准化的教育，注重严谨审慎、精益求精，比较适合医生或一些领域的工程师等专门人才的培养。

北大早期的教育受德国的影响比较大，蔡元培校长特别强调大学是研究高深之学问的地方，他还主张沟通文理，提倡"五育"（指军国民主义教育、实利主义教育、公民道德教育、世界观教育及美感教育）。尽管当时对学生的专业知识的系统性还是有严格要求的，但学校规模不大，师生交流比较多，关系也比较密切，学生能够得到学科综合的教育体验。在某种意义上讲，北大当时的教育可以认为是一种通识教育与专业教育相结合的教育模式，尽管当时学术研究的条件并不是很好，北大还是能够培养出一批优秀的专业人才和各行业的领袖。

人们对大学教育的一个疑虑是规模和个性化培养的问题。人们质疑现在学生的规模比较大，学校是否还能够为学生提供良好的个性化培养。一些人甚至质疑在大众化教育阶段，是否有必要提供个性化教育。北大集中了全国最优秀的学生，为他们提供最好的教育，让他们发现和发展自己的个性，能够在各个领域成为引领未来的人，这是我们应当担负的责任，也是北大人才培养的目标。从规模上看，北大的本科生的确比美国的博雅学院和研究型私立大学多，但远小于美国州立大学，与剑桥、牛津和南加州等大学的规模相当，因此，我们是有可能提供很好的个性化教育的。

还有一个重要的教育因素不应当忽略，就是我们的学术研究和研究生规模。近年来，北大的学术研究水平提升很快，学术研究与交流非常活跃，前沿和交叉学科的布局已初步形成，这为本科生找到自己的志趣、进行探索性学习奠定了坚实的基础。另外，北大博士研究生的规模已超过一万人，他们既是学术研究的重要力量，也是指导本科生个人发展的有生力量。

通识教育与专业教育结合

任何教育模式都是在特定的历史文化背景下产生和发展的，照葫芦画瓢、生搬硬套非但不可能，也是不可取的。我们要借鉴他人成功的经验，但更要根据中国实际，从面临的瓶颈问题入手。即使是美国的博雅教育也有不同的形式，其中最值得我们借鉴和学习的内涵和精髓，是努力使学生的个性和潜力充分展现出来。我们也不要轻言放弃专业教育，北大多年形成的基础扎实、严谨求实的专业教育传统是非常宝贵的财富，但我们必须要改变单纯以专业知识传授为本的狭隘观念，为学生提供更好的教育体验，实现他们的志趣和理想。

我们应当把通识教育与专业教育紧密结合，充分利用北大深厚的人文和社会科学底蕴，为学生提供更能启迪心智的通识教育，使他们能够懂得自己、懂得做人、懂得中国、懂得世界，树立起正确的价值观和人生观。要加强学生的艺术修养、人文情怀和跨文化思维，提高口头和书面的交流沟通能力，使他们成为有修养的人，为未来的发展做好充分准备。要充分利用北大的学术活力和多学科特点，为学生提供更加丰富多彩、更加个性化的培养方案，提供更多与教师和研究生一起进行探索创造的生动经历，使学生能够真正受益于综合大学独一无二的创造性氛围，在探索、创造和挑战中，保持好奇、进取和激情。

专业教育改革

本科教育改革涉及学校的方方面面，是非常复杂和困难的。我们不应当停留在一些概念和模式的争论和炒作上，而是应当更加关注本科教育的真正目的和内涵，找到阻碍实现目标的主要问题，集全校之力加以解决。北大教育发展的关键之一是改革专业教育体系。我们可以从以下几个方面推进专业教育体系建设：

第一，要打破以院系为基础、以学科为中心的沉闷的教育氛围，破除学科之间的藩篱，给予学生更多选择的空间，使学生真正体验到北大多学科的丰富内涵和魅力。除个别专业外，实现学生在学部内自由转专业；各专业要明确学生毕业的最低专业课程学分要求，鼓励学生跨专业选修第二专业；完善教学管理信息系统，实现学生跨学院、跨学部选课和学习；鼓励设置更多的跨学科教育项目；鼓励不同学科的教师联合为低年级开设前沿和跨学科的课程。

第二，改变以教师为中心的讲授方式，加强师生互动和以发现与探究为中心的学习。要改革学生评价体系，不仅评价专业课成绩，更要重视学生的个性发展；要把著名教授为本科生上课作为院系和教师考核的重要要求，鼓励教师和研究生积极参与本科人才培养，展现研究型大学的丰富性、多元性、规模性和广阔性；要特别关注新生一年级的教育，开设更多能够激励学生的好奇心和创造激情的研讨课，改变和遏制高年级学生学习热情衰退的现象；鼓励更多学生参与教师的学术研究，特别鼓励学生跨学科地参与学术研究，真正把本科生的专业教育变成一个探索、发现和创造的过程，使他们能够始终保持朝气蓬勃、富于想象、热情洋溢的创造力。

第三，要充分利用现代信息技术条件，推进教学和学习方式的转变。鼓励教师开展"翻转课堂"，让学生更加自主地学习课程的基本要求，而将课堂教学的重点放在研讨和探究问题上。要鼓励跨区域、跨国度教学，让不同文化背景的学生一起学习和研究。要鼓励师生之间、学生之间的网上交流讨论，形成更加活跃的网上学习环境。要开展创新创业教育，加强学生的创新意识培养和企业家精神认同教育。要使学生认识到创业是艰难的进程，要对失败做好充分准备，将失败作为经验而不是挫折，这种不怕失败的企业家精神要成为每个北大人的精神追求。鼓励和支持学生参加创业实践活动。

通识教育改革

我们现在的通识教育课程仍然是以拓展学生的知识为主，对学生的价值观、质疑精神和能力培养关注不够。我们要充分利用北大多学科的优势，建立北大的通识教育核心课程体系，加强学生的基本素养和能力培养，树立正确的价值观和人生观，建立对社会、对他人的责任意识和使命意识，使他们能够真正懂得社会、懂得自己、懂得中国、懂得世界。要加强学生基本能力和素质培养。

我们要启迪同学们思考生命的意义和人生的真谛，使他们都能够认识自己，理解生命的意义，做出符合自己天性的选择，找到发自内心热爱并将其作为终生的事业。我们要使学生认识到人类的一切伟大创造都是在社会生活中完成的，每个人灵魂深处的热爱推动整个社会发生更好的转变，只有在人类文明传统中，一个人的生命才能获得完整的意义。我们还要让学生真正懂得中国，认识几千年形成的中国文明，古典文明、近代现代传统、中国特色的社会主义传统。我们要重点改革思政课，将其纳入到通识教育核心课程的范畴内，通过经典阅读、小班讨论、反思性思维训练，真正确立人生观、价值观，不盲目模仿西方，建立理论自信，走出一条中国特色之路。我们也要让学生真正懂得世界，要以开放的心态学习和借鉴其他一切文明的优秀成果，了解现实存在的世界，了解人类文明发展的过程，了解世界格局，了解为什么世界会是今天这个样子。

总之，北大教育的改革之路，应该能够给予学生机会，体会北大学科综合实力所展现的光辉和魅力，让学生能够在接受本科教育的过程中，以反思的方式读懂自己、读懂社会、读懂中国、读懂世界，使他们更加自信、更有好奇心、充满激情、充满进取精神，成为更具创造力的人，成为能够引领未来的人。

3

培养学术人才

　　研究生教育是国家学术人才培养的基础，也是一所学校学术队伍和学术研究状况的综合体现。研究生教育改革涉及规模、结构和质量，也与学术队伍建设和教师学术发展密切相关。北大的研究生教育要聚焦学术人才培养，这既是学校核心使命的要求，也是创建世界一流大学的需要。这篇短文是在研究生教育国际研讨会上的发言，所提出的改革措施已部分实施。

创建世界一流大学，必须使部分学科进入世界顶尖水平，其中研究生教育是一个关键环节。提高研究生培养质量是综合改革的重点之一，院系的学科调整、队伍建设、资源配置等都要与之相配合。北大现在有近3万名研究生，其中博士生1万人左右；在2万名硕士生中，学术型研究生占37%，专业学位研究生占63%。近年，北大的研究生培养质量也在改善，但总体看，与世界一流大学相比仍然有很大差距。我们的博士毕业生在世界顶尖大学任教的还不多，学术型硕士的定位不清，专业学位改革仍任重道远。因此，调整规模与结构，提高培养质量，仍然是研究生教育改革的重要课题，也是学校改革发展的一项基础性工作。

以学者为目标的博士教育

不久前，信息科学与技术学院进行了国际评估。在见面会上，专家们谈到了对一流大学的看法。一些专家认为，如果一定要用指标来衡量大学的话，最靠谱的是博士毕业生在大学担任教授的人数。大家都认为，学生当上教授是导师最自豪的事情，也是最能说明大学学术水平和成就的指标。一个专家甚至还调侃地做了一个比喻："学校的教师岗位是很稀缺的，都希望找到最棒的。这有点像找女婿，只有你真的认为人好，才肯把女儿嫁给他。"

一个新聘教师要在学校工作几十年，对学科发展的影响是长远的，我们希望新教师能带来新方向和新动力，因此，对每一个新聘教师都会精挑细选，一点都不亚于选女婿。我们会从候选人的学术成果中了解候选人是否受到良好的学术训练，感兴趣领域是否处于最前沿。我们会从推荐信中了解同行的评价，看他们的发展潜力和在同龄学者中的位置。我们会在学术报告过程中了解他们对学术领域的理解和教学能力。也会在交流和言谈举止中，了解他们的为人处世、价值取向，看他们能否融入集体，成为好同事。这些学术潜力和能力、为人品行、学术态度和精神等等，都是在学习阶段养成的。这也对研究生教育提出了更高的要求，每个导师不仅要学高为师，还要身正为范，根据每个学生的特点因材施教，使他们成为优秀的学术人才。

研究生的培养质量是代表学校学术状态的综合指标。在每个学科领域中，大家都会想到几个公认的顶尖机构，其最显著的特点就是聚集了世界最优秀的学者和学生。人们都以在这些机构访问和学习为荣，自然这些机构也成为毕业生争相应聘的热门机构。丹麦的波尔研究所、剑桥的卡文迪许实验室、美国哥伦比亚大学物理系、芝加哥大学的社会思想委员会、哈佛大学的费正清中心等，都是这样的杰出研究机构。最近一些年，随着教育普及和学术研究经费增加，杰出的研究机构更多了，比如约翰·霍普金斯大学的医学、卡内基梅隆的计算机。当然，还有一些学校，像哈佛、斯坦福、剑桥等，在很多领域都有很好的声誉，毕业的学生遍布世界各地的重要学术机构，成为学术发展的中坚力量。

好学者和好学生

博士生教育的定位是培养学术型人才，对于这一点，我们应当坚定不移。尽管可能最终只有一部分能够担任教师或研究人员，但我们的培养目标、培养方案都应当向这个方向努力。只有这样，才能把大家的观念转变过来，真正把培养学生作为研究生教育最核心的使命，把高的学术标准和要求建立起来。

既然要培养杰出的学者，导师就必须活跃在学科的最前沿，不断开拓新的领域。杰出的导师、优秀的学生、良好的氛围和最前沿的研究，这些都是卓越研究生培养机构的主要特征。我们创建世界一流大学，就是要使更多的院系成为这样的研究机构。国际评估专家认为北大有一批非常好的学者，学校的学科布局也比较好，是有很大潜力的。但他们也建议要努力营造更好的学术氛围，引导大家在前沿和交叉学科方向上，开拓自己的研究领域，也希望学校给予更好的政策，吸引最有潜力的学生。

　　选拔最有潜力的学生是博士教育的第一步，也是很关键的一步。现在，博士生已经实行申请审核制，这有利于选拔真正有学术潜力、有志于学术研究的青年人。学术研究是一项崇高的事业，也是一项需要耐心、坚守和耐得住寂寞的事业，并不是所有人都适合，因此要精心选拔。如果苗子没选好，将是对国家资源和教师精力巨大的浪费，因此要改革保研制度。重 GPA 轻学术潜力不仅不利于选拔优秀学生，还会错误地引导学生。要建立更加开放的选拔录取体系，在全球范围内选拔优秀学生。

规模、结构与质量

　　北大研究生的总规模已经很大了，这不仅给学校的后勤造成很大压力，也给教育资源、研究设施等其他方面造成压力。我们必须要控制规模增长趋势，调整研究生的结构和布局，把有限的资源集中在最核心、最重要的领域。

　　北大的核心使命是培养能够引领未来的人，产生更多能够影响国家发展和人类进步的新思想、前沿科学和未来技术。北大研究生教育最重要的任务是培养领军的学术人才，使北大成为中国学术人才培养中心。学术型人才应当以博士教育为主，学术型硕士可以作为博士培养过程的分流途径。硕士教育应当以专业硕士为主，而且要以实际需求为导向，注重实际工作能力。我们需要认真研究专业学位教育，在一些领域，可以与本科教育统筹考虑。本科阶段实行通识教育和宽口径的专业教育,把专业硕士学位作为技能训练阶段。

　　研究生结构调整的目的是提高质量，同时也要有利于控制规模。研究生还是学校学术研究的生力军，这也是规模、结构和质量调整的难点之一。研究生教育不能从书本到书本，而是要在学术研究和探索中学习成长，是师生共同探索未知的旅程。尽管研究生培养一定要参与教师的科研项目，但我们不能忘记，参与科研的目的是培养学生，而不是完成科研项目的劳力。忘记人才培养的根本使命，是违背研究生教育基本理念的，也是不允许的。因此，教师应当精心制定研究生培养计划，鼓励学生对重要的基础性问题展开研究，加强学术研究过程的指导。与此同时，要建立合理的研究生培养成本分担机制，充分利用资源配置手段，调整结构、控制规模、提高质量。

大学的研究生教育改革

　　我们将从以下几方面推进学校的研究生教育改革：

　　一是建立双向选择机制。学生入学时不应直接指定导师，而是要经过一段时间了解，熟悉各位导师的研究领域之后，再确定指导教师，这对真正选择自己感兴趣的领域和合适的导师，对学生未来的发展是很重要的。现在，部分院系已经实施了双向选择模式，应当尽快在全校推广。

二是建立合理的、可以持续改善的研究生助研津贴政策体系，保障研究生基本生活，让大家能够安心学习、专心做学术，同时，提高研究生助研津贴也有助于进一步增强导师责任意识，激励大家争取国家科研项目，以及更加精心地挑选和指导学生。助研资助体系改革也是调整结构、控制规模的有效方式。

三是根据院系的教学情况，设立助教岗位，把研究生的资源配置与院系本科教学联系起来，既有利于调动院系的教学积极性，同时，教学训练也是研究生培养的重要内容，是未来成为学者的基本要求。学校和院系要组织好助教的培训，教学工作要作为博士生培养的必修内容。

四是改革导师遴选制度。目前，学校已经取消了博士生导师头衔，多数院系的新聘教师都可以指导博士生了，但仍有一些院系保留了资格审核制度，这对新聘青年教师尽快开展学术研究是不利的。从一些理工科院系的情况看，青年教师指导博士生既有利于教师的成长，也有利于提高研究生培养质量。我们要把博士生导师资格审核前置，放在教师聘任过程中，同时，要放开博士生导师的职称限制，使青年教师在指导研究生过程中，能更好更快地成长。

五是学术型人才的成长除了好的条件和导师精心指导之外，学术方向的选择也是很重要的。我们要改革教师的评价体系，鼓励教师根据学科发展趋势和国家需求，开拓新的学科方向，特别要鼓励跨学科研究领域，解决重大科学问题和国家重大问题。同时，随着国家博士生培养规模的增加，我们应当对未来的就业市场做出一定的预判，特别要对学术性岗位的需求情况做到心中有数。只有这样，才能有针对性地调整研究生布局，实现研究生教育的可持续发展。

4

营造教学文化

本科教育是大学最重要的基础，但在很多研究型大学中，人们迷失在众多的大学职能和诱惑中，忘记了根本，也削弱了大学的根基。在大学这样一个复杂体系中，如何抓住主要矛盾，四两拨千斤，调动大家的积极性，共同实现学校的使命任务，是大学管理者需要认真思考的事情。

我这一代人是读毛主席的书长大的。"文化大革命"开始时，我正在读小学五年级，几年都没有课本，老师只是让我们背《毛主席语录》和"老三篇"（《为人民服务》《纪念白求恩》《愚公移山》）。十几岁是求知欲最强的时候，没有其他的书，就反复读《毛泽东选集》和当时一本干部培训用的《苏联社会主义教程》。我的中国近现代史知识，最初都是通过读《毛泽东选集》和后面的注释得到的。《矛盾论》和《实践论》当时都读过，中学政治课又学了一遍。一分为二、对立统一、主要矛盾和次要矛盾等等，这些概念我们都背得滚瓜烂熟，也深深影响了我们这一代人的思想观念。

毛主席是很实际的人，他的文章都有很强的针对性。《矛盾论》和《实践论》就是针对当时复杂的政治局势，希望在干部中普及唯物辩证法，提高辩证思维能力，认清形势，团结一致，争取抗日战争的最后胜利而写的。今天我们也面临着很多复杂问题，学会利用辩证思维方法，对我们抓住关键问题，找到解决问题的合适方法和路径，解决现实问题，也是非常有意义的。

人才培养是最基本，也是最复杂的

大学中最重要也最复杂的问题，莫过于人才培养了。谁都懂，谁都是专家，但好像大家都说不清楚。人才培养是大学存在的基础，其重要性毋需多言。大家都讲教学重要，但常常口惠而实不至，讲得多，真正在教学上用力的少。这不能赖教师，问题显然出在学校制度的价值导向上。大家都批评"重科研轻教学"倾向，但也拿不出办法来应对。

过去十多年，每年都做教育改革，教育部也有很多教改的项目和措施，但教育并没有实质性的改善。我们的培养模式仍很传统，重知识传授，强调专业体系；我们的授课方式仍很传统，课堂讲授多，教师与学生互动少；我们的教学管理仍很传统，教学计划僵化，大多实行学年学分制，学生可选择的余地很小。这些问题看似简单，大家也都明白必须改，但就是很难撼动。例如，对于培养模式，大家反复强调要以学生的成长为中心，也在大力推进通识教育，但通选课成了知识介绍，教室还是老师"一言堂"，专业课程仍然陈旧而臃肿。教学是地地道道的良心活，心不在，再好的培养模式都不会有效果。

从过去的经验看，教学改革并非是教学管理部门一家就能够撑起来的。例如，要改进教学内容和方法，需要教师的教学积极性，如果院系和学校的评价体系不利于教学，教师就不会用心用力；要推行自由选课学分制，就需要提供足够的课程，还需要重复开设一些课程，这涉及院系的利益，如果学校不在资源配置上给予倾斜和支持，院系至多也就应付一下。显然，教学改革需要举全校之力，需要各个部门的密切配合，需要整体的、综合性的改革措施。过去的改革之所以成效不很明显，根子就在于就事论事、急于求成，只见树木不见森林，只看到浮出表面的问题，没有去深究问题的原因。按毛主席的说法，就是没有找到并集中力量解决主要矛盾。

不要把教学与科研对立起来

我们一直在批评学校中的"重科研轻教学"的倾向，认为它是教师教学积极性不高的罪魁祸首。研究型大学的确都把科研看得很重，很多大学排名也主要依据科研成就，而学者更是把学术发展作为最重要诉求，因此，科研是有很强的自我驱动力的，并不需要学校卖力地督促。而教学则不同，院系和教师都知道教学是首要责任，如果这个责任没有制度保障，没有人监督，也可能会流于形式，放任自流。

教学与科研并非是对立不可调和的一对矛盾，甚至根本就不是对立的。当然，如果从教师的精力和时间看，两者会有冲突，但从更广的角度看，这两者更多的是相辅相成、互相促进。如果教师真正用心，是可以从学生身上产生很多学术研究的启迪和灵感的。最近，麻省理工学院的魏斯教授因在引力波探测上的贡献获得了诺贝尔物理学奖。为了在本科教学中，向学生说明爱因斯坦提出的引力波是可以测量的，他提出了"LIGO"的原始设想。这种教研相长的例子在人文与社会科学领域更是常见的。问题的关键还是在于要用心，如果不用心，只是例行公事，教学与科研就真会相互矛盾了。

我们重教学，并不意味着要轻科研。学术研究是研究型大学的基础，现代大学的一个重要使命就是要发现和创造新的知识，对于北大而言，就是要产生新思想、前沿科学和未来技术。而且，教师最看重的也是自身的学术发展，如果我们不能提供好的学术发展条件，优秀的学者就会散失，大家也就会离心离德，非但科研做不好，教学也很难改进。实际上，好的科研基础是可以促进教学的，要讲好课，不仅要懂教科书上的知识，还要始终处于学科的最前沿，才能启迪学生的智慧，调动学生的创造潜力。教学和科研的特点不同，教师的动力来源不同，要采取不同的评价方式和策略。在评价体系中，教师的学术水准永远都很重要，这是由学校定位决定的。我们需要加强教学评价的研究和改革，除了要在晋升中考虑之外，年度考核也要特别加大教学的权重，使教师更加关注教学和学生，促使大家在教学和科研两个方面协调发展。

院系的积极性是关键

形成良好的教学文化，关键在院系。一般来说，教师对院系有较强的归属感和荣誉感。而且，教师的评价是在院系进行的，院系的声誉也是教师学术发展的基础。教师都在意院系和同事的评价，当同事们都在用心教学，个人也就不会甘于落后了，这就是一个院系的教学文化。但如果院系评价导向不对，不用心教学的人不但没有受到批评，反而得到了利益，学院的教学文化很快就会被破坏。

十多年前，我曾去拜访张青莲先生。他是一位在化学领域中德高望重的老先生，现在化学元素周期表中的几个元素的原子量用的就是他测定的数值。在交谈中，他讲了一个故事。60 年代，张先生一直给一年级讲授普通化学，学生反映很好。后来，比他更资深的傅鹰先生来到化学系，要求讲课，化学系就让傅鹰先生上普化课了。我们谈话那年，张先生已经 95 岁了，但对这件事情还一直耿耿于怀，足显老一代人对教学的重视。现在一些人对教学工作淡漠了，失去了教育激情。教学文化建立起来很不容易，但破坏起来却是可以很快的。

教学文化的形成，需要各方的努力

建立起好的教学文化不是一件容易的事，需要学校、院系和教师的高度共识，还需要完善的制度保障和严格的执行，任何一个环节都不能掉链子。教育的效果是大家贡献的集成，每个环节都很重要，一荣虽不能俱荣，但一损必然俱损。教学改革是在爬坡上坎，是要费神费力的，任何一个环节掉链子，就迈不过这个坎。教学质量需要持续不断的努力，唱高调、花架子、摆样子没有用，短期的利益刺激也无济于事，必须是长期的、制度性的安排，要让教学与院系生存发展息息相关，与教师的学术发展紧密相连。因此，要建立好教学文化，需要找到能够拨动院系和教师心弦的关键点，并建立起相应的体制机制。

最近，我们正在从两个方面入手改善学校的教学文化：一是给予学生更大的选择空间，在学部内自由选专业，全校范围内自由选课。同时，进一步压缩各专业的核心课程，为学生的跨学科学习拓展空间。学生的选择和流动使部分院系感受到了压力，促使它们要求教师更加关注学生，关注教学。一些学院开始选派优秀教师上基础课，加强对低年级学生的指导和专业思想的教育，使学生更加热爱本专业领域。二是要把教学作为学校资源配置的重要因素，从制度上保障院系对本科教育的重视。现在，一些院系对自己专业的教学还是比较重视的，但对其他院系的教学需求和学校的通识教育重视不够，这都需要从机制上和资源配置上加以考虑。从 2016 年起，我们推动了本科教学新一轮改革。从目前的情况看，效果还是很令人鼓舞的，但仍需进一步完善人才培养体系，加强通识教育课程体系的建设，建立更加合理的预算规范和原则，使资源配置更加具有导向性。

学生工作也要调动学生的主动性

学生的知识学习固然重要，但思想品德的培养更不可或缺。立德才能树人，思想品德不好的人，是不会有大出息的。从总体看，北大学生的思想状况是好的，但也存在不少问题。学生的思想品德也是一个复杂问题，与学生的生活经历、教育背景和成长环境都有关系。我们既要营造良好的环境氛围，使学生健康成长，又要根据学生的思想状况，根据每个人的特点，有针对性地做好思想品德教育工作。思想品德更需要因材施教。

很早以前，我曾经担任过一个年级的级主任，年级里有 5 个班，150 多名学生。当时我还是全职的博士研究生，系里实在没有合适人选，就让我担任了级主任。因为要做博士论文，时间很紧张，也就被逼着想了很多管理办法。我一直认为，大学生是可以自己管理好自己的。我们要设法调动起学生的内在动力，既为他们提供必要的指导和帮助，也要放手给他们自我管理的机会。当时，我们精心挑选了学生骨干，给任务、压担子，让他们挑大梁。责任明确了，学生的主动性也就发挥出来了。我负责的这个年级，党团支部和学生干部发挥了很大作用，团结大家，积极向上，各班的风气很好，学生们也很自律自觉，都有很强的集体荣誉感。

当然，现在的情况与当年可能有了很大不同，学生的自主性和独立能力不像过去那么强，我们的学生管理和思想品德教育的方式也应当随之改变。但我认为，学生的成长规律应当是相通的。真正好的教育都要调动学生的内在主动性，无论是教育教学，还是思想品德，概莫能外。

5

创
新
创
业
的
启
示

　　人的创造潜力还真是一个谜。当人们的思想被束缚的时候，会捧着金碗讨饭。而当思想冲破牢笼得到解放的时候，其创造力会让自己都感到惊讶。创新创业有"能不能"的问题，这需要知识和实践，更有"敢不敢"的问题，这就需要社会氛围和生态了。大学的创新创业教育并不是要孵化企业，而是给予更多人创新创业的能力和胆识。

163

有一次到华盛顿州立大学（WUS）访问，正好赶上一场全美大学体育协会篮球比赛。校长邀请我们观看比赛。整个校园人声鼎沸、熙熙攘攘，师生员工们像是在过狂欢节，各个喜气洋洋、兴高采烈。我们先是被引到一个不小的房间，里面摆放着一些简单的食品和饮料，但你根本没有办法接近。社会名流、教师、校友、捐赠人、孩子，整个房间都挤满了人。那场比赛华盛顿州立大学最后还是输了，但人们始终被球场上的激烈竞争场面所感染，比赛结束后很久才慢慢散去。事后，我问校长是否对输球感到遗憾，他笑了笑说："我当然希望能赢球，但大学的赛事主要是为了凝聚人心和弘扬体育精神。"他指了指周围的人，接着说："这些都是为学校捐款和支持学校发展的人，利用赛事，能让大家经常在学校欢聚，本身就是一个成就。"

过程更重要

世间的很多事情都是这样，过程可能比结果更重要。最近，"大众创业，万众创新"和大学生的创新创业教育很热，但也有不少微词：认为大学生创业根本不靠谱，真正能够成功的创业者凤毛麟角，多数都铩羽而归，既浪费了资源，又荒废了学业，得不偿失。实际上，大学生创新创业教育，目的并不在于所有学生都去创办企业，而是培养学生善于思考、团队合作、应对挑战、勇于探索的精神。无论将来从事什么职业，遇到什么样的困难和挫折，如果都能够执着进取、不言放弃，创新创业教育的目的就达到了。就如上面的大学篮球比赛，无论输赢，运动员的拼搏和奋斗精神都感动了大家，凝聚了人心，也传播了体育文化，这本身就是成功。

几年前，世界经济论坛连续发布了几份报告，呼吁各国要大力加强创业教育（Entrepreneurship Education）。报告认为，未来社会将是创新驱动的社会，创造性人才将决定一个国家的竞争力，国民的创造精神也将决定一个民族的命运。为了应对未来的各种严峻挑战和巨大的不确定性，大学应当重新思考教育的意义和内涵，应当把创新创业教育置于大学教育的中心位置，而不仅仅是从属和附庸。报告还认为，早期大学的主要职责是保护和传承人类知识，现代大学还要发现新知识、创造和发明新技术，未来应当有更多的创业型大学（Entrepreneurial University）。创业型大学不是为了造就企业家，而是要培养学生创新创造的观念、素养和能力。

世界经济论坛的报告对比了世界各国的创业氛围和环境，以及相应的创业生态，认为北美国家是最好的，中国和印度次之，欧洲、日本和韩国等相对比较差。美国和加拿大是移民国家，国民有比较强的开拓和进取精神；欧洲、日本等国家的福利比较好，众多的大公司提供了丰富的工作机会，创新创业的文化氛围自然低一些；中国和印度是新兴国家，企业兴起的时间都比较短，人们对他人的创业成功印象很深，因此支撑的环境比较好一些。我也曾访问过几所以色列的大学，它们的创新创业教育开展得比较早，学校也非常重视科技成果的转化。

创新创业不是一哄而上的事情，毕竟失败者多，但不能因此而缩手缩脚、无所作为，良好的创业文化和生态环境是需要大众参与的。国家提出"大众创业，万众创新"的战略，破除了人们的思想障碍，激励青年人勇敢面对未来的挑战，鼓励大家去创新、去创造，去勇敢地面对可能的失败。这不仅将激活社会发展的内在动力，也对营造创新生态环境、建立创新文化具有重要意义。

要让青年人跟上世界的变化

人类的创造力每天都在改变着世界，很多昨天还习以为常、津津乐道的生活和工作方式，突然间就会消失得无影无踪。二十多年前，我曾接待过一位哈佛大学很年轻的教授。当时的国际长途电话很不方便，抱怨之余，他兴奋地讲起了摩托罗拉正在实施的"铱星计划"，届时，在世界的任何角落，都可以与远方的家人实时通话了。"铱星计划"的确在1998年运行和实施了，可过了不到半年，铱星公司就宣布破产关闭，因为地面移动通讯已经以迅雷不及掩耳的速度占领了所有市场。

今天，世界的变化越来越快了，使人应接不暇。数码相机取代了传统相机，胶片巨人柯达轰然倒下。智能手机的强大综合功能，不仅使传统手机销声匿迹，也渗入到了人们工作和生活的方方面面，更是造就了一代低头族。新药物、便捷医疗检测设备、电动汽车等等，人们几乎天天都在感受技术创新带来的颠覆性变化。相对于技术创新本身的影响而言，与新技术结合的体验创新影响更大更深远。众多的网店和网上支付技术，使得人们足不出户就可以体验便捷的购物，彻底颠覆了传统的零售商业模式。滴滴和易到借助移动终端技术，迅速聚集起私家车辆，打破了出租车行业的商业规则。摩拜和ofo利用定位技术，使单车成为大家可以共享的代步工具，不仅改变了人们的出行方式，甚至开始影响单车的生产和营销模式了。技术改变了社会生活方式，创新已渗入社会生活的每个单元。无论是政府官员、社会工作者，还是企业雇员、学校教师，只有更具创造意识和能力，才能在未来技术环境下履行职责。

创新创业是与众不同的教育体验

大学生创新创业活动，很类似大学的 NCAA 球赛。学生们在大学教育中，学到了知识和技能，也参加了实践和实验，这像是平日队员的训练，模拟实际比赛的情况，但是，如果没有 NCAA 联赛真刀真枪的实战，球员是很难成长起来的。大学应当为学生提供这种独立创造的机会，提供这种能够让学生全神贯注、不怕困难、全力求胜的场景。

浙江的民营经济很发达，也很活跃，社会公众推崇企业家精神。家在一个浙江小镇的朋友曾开玩笑地告诉我：在他们的小镇中，老板与小镇人口一样多。也许是受环境影响，浙江大学的创新创业活动很活跃，毕业生创业的比例比较高。我曾去校园附近的创业园看学生的创业企业，其中，有做网络传播的，有做自动化体育器械的，还有做无人机的。公司的房间都不大，一些学生吃饭、睡觉、工作都在办公室。"白天当老板，晚上睡地板"，这是人们形容浙江企业家的一句话，也体现在这些学生身上了。访问中见到的一位女同学，她家里有很大的企业，做企业家的父亲在当地也很有名，但她表示要靠自己的力量，创造一番天地。姑且不论成败，他们这种专注精神和创造体验都会成为一生难得的经历。

北大的创新创业教育做得比较早，发展得也很好。光华管理学院、信息学院、科技开发部等都开设了创新创业课程，传授知识技能，传播创新创业文化，点燃了很多北大学生的创造激情。校友会面向社会开办了创业训练营，一批成功的企业家校友免费为各地的青年创业者提供培训，受到各地青年创业者和政府的热烈欢迎。院系和学生工作系统主办了各种创业大赛，取得了很好的成绩。

创新创业也是教育

对于大学而言，创新创业是教育的一部分，目的是培养人。北大要培养引领未来的人，开拓与创新、坚韧与忠勇、远见与引领、反思与坚守等等，都是学生应当具备的品质。学校推进通识教育与专业教育结合的教育模式、开展创新创业教育和实践，以及鼓励学生参加各种类型的社会实践，也都是为了培养学生的这种品质。例如，发现商业机会是一种综合能力，需要有对社会和文化的理解、对科学技术趋势的把握，以及突破常规的思维方式；创业实践需要远见卓识、坚韧不拔和带领团队的领导能力；而事业的发展壮大还需要对道德伦理、社会价值的坚守。

北大聚集了全国最优秀的学生，蕴含了巨大的创造潜力，很多企业家和投资者都希望通过创新创业活动，释放学生的创造潜力。北大创新创业教育的特点是基层的热情高、潜力大，能量和影响也很大，但相对比较分散，整体协调不足。最近，学校正在推进整合工作。学校专门划出近五千平方米空间，组建了国际学生创新创业中心，作为学生创新创业的实践平台。校友们还组建了专项投资基金，支持学生的创业实践。学校还将组建创新创业学院，协调各个方面的力量，使学校的整体优势进一步展现出来。

在当今社会发展中，创新将会渗透到社会的每个毛孔中，没有创新能力的民族是没有生命力的，因此，使学生更具创造力，是大学教育改革的基本任务和方向。同时，当今世界是人类的命运共同体，每个人都与他人紧密联系，每个民族都与其他民族息息相关，人类也与自然生态命运相连。我们的创新不应当仅仅是个人欲望驱动的创新，因为欲望是无止境的；我们的创业不应当是资源浪费驱动的，因为这个世界承受不起过度的消耗。这些都应当是我们一切活动所要遵循的基本伦理，也是创新创业的基本准则。

6

借
船
出
海
与
走
自
己
的
路

　　中国大学的国际影响力的快速提升引起很多人的好奇。促成这
一现象的因素很多，国家投入增加、丰富的智力资源等，这是显性
的因素。还有一些隐含的、带有东方智慧的策略，其中的一个就是
"借船出海"，就是以开放的心态，学习、借鉴或者直接引进发达
国家的教育理念和方法，以改进和提升自己的高等教育水平。随着
中国大学的进步，人们更加自信，开始思考如何走出一条自己的路。

"借船出海"的智慧

在经济领域，"借船出海"举不胜举，不仅借技术、借工艺，还借管理。自从中国加入 WTO 之后，这个进程在加快。这当然是双赢的，我们得到了经验，对方得到了市场。随着产业进步，自主品牌多了起来。在一些产业领域，中国已经走上自己的产业发展之路。这个变化是很惊人的，前后几十年，中国就从百废待兴成为制造业的大国了。

在科技和教育领域，也经历了类似的过程。但开始并不是"借船"，而是"出海"。刚刚改革开放之时，中国就选派学生出国留学。这是一项很英明的决定，尽管不少人滞留在外，但中国政府始终采取了开放政策。道理很简单，无论在哪里工作，都在为国家的未来储备人才。现在越来越多的杰出学者回国工作，我们开始受到前人栽树的泽惠了。

教育也在"借船"，而且采用了很多不同的方式。十多年前，中国大学经历了一轮拓展，大学合并、新校区建设、扩大招生规模等。扩招之后的紧迫问题是师资严重不足和教育质量下滑。人们想了很多办法来减缓面临的巨大教育压力。一些地方性大学采用在国内进行两年基础教育，在国外大学接着完成专业学习的方式，这除了暂时减缓压力，也借鉴了国外大学的教育经验，改善了自己的教育。当然，这种措施不可能改变优质教育资源缺乏的整体格局，因而一些地方政府开始把眼光转向国外，邀请国外的大学来中国独立办学。第一个吃螃蟹的外国大学是英国的诺丁汉大学，学校设在宁波，完全采用诺丁汉大学的教育模式。随后，西安交通大学与英国利物浦大学合作，在苏州设立了西交利物浦大学；美国纽约大学在上海设立了上海纽约大学；杜克大学在昆山设立了昆山杜克大学。这些学校都更像是国外大学在中国的校区，采用国外的培养方案，授予国外大学的学位。

浙江大学则采取了另外一种模式，建设了海宁国际校区，邀请几所国外大学一起办学。这是一种集约化的模式。对于合作的国外大学来说，降低了风险和决策难度，因为既不用操心校区的后勤和管理，也不用承担前期投入，只要专心教育就可以了。对于浙江大学来说，国际校区不仅为学生提供了不同的优质教育，也为自己的教育改革提供了借鉴和参照。对于中国学生来说，国际合作校区是一件好事情，不用出国，就可以接受国外高水平的教育。但这些学校的教育规模不大，只对为数不多、家境状况比较好的学生有影响。因此，虽然这些学校丰富了中国教育的多样性，但对中国大学教育模式的影响并不大。

中国教育的变革

中国的很多大学一直在进行艰苦的教育改革。改革的主要任务是要改变过度专业化的教育模式，使学生能够更好地适应社会多样化需求和未来挑战。教育改革涉及教师的培养理念、培养模式、教学内容和方式等，也涉及学校的体制机制，是一场深刻的变革，因而是非常艰苦和困难的。

过去十多年，各个学校都在以自己的方式进行探索，真有点像是"八仙过海、各显神通"，改革可以说是如火如荼。有的在进行专业教育改革，希望通过给学生更多的选择，调动起学生的学习主动性；有的实行低年级通识教育，高年级专业教育，努力增强学生的综合素质，以适应未来的挑战。中国大学的教育改革借鉴了国外大学的经验，很多改革思路都有一些美国大学教育的痕迹。但总体看来，我们的改革更多关注教育模式等表面现象，还没有真正体会其内涵和精髓。

我们的工科教育改革也是一样，有两个问题一直没有很好解决。一是工程教育的割裂和肢解比较严重。我们的工科专业划分很细，在很多学校，细分工科专业分属于不同学院，相互之间很少来往和合作，教师和学生被局限在很细的学科中，视野窄，看不到全局，无法与产业进行有价值的合作，师生的创造潜力也很难展现出来。二是忽视工程实践。现在工科的实践活动甚至不如20世纪50年代，即使到企业参加实践活动，也是走马观花，很难深入到企业实际中，真正了解工程问题，更别说在解决问题过程中，培养学生的实践能力了。改革开放以来，中国高等教育改革一直没有停顿，有进步、有成效，但仍然落后于社会公众对高质量高等教育的迫切需求。

学习借鉴与走自己的路

在中国大学的教育改革中，也出现了很多新的"借船出海"思路。以我为主，把国外好的培养方案直接引进来，逐步形成自己的人才培养特色。重庆大学的工科比较强，是以应用型人才培养见长的学校。为了推动工科教育改革，重庆大学曾做了两件事情：一是与美国辛辛那提大学合作，建立了带薪实习（COOP）教育项目[1]，

---

[1] COOP 教育项目：即带薪实习项目（co-operative education），是一种基于课堂教学与实际工作经验相结合的教学法。

即学校与社会合作的本科教育项目；二是与长安和福特两家汽车公司合作，建立了汽车专业学位研究生教育项目。

辛辛那提大学的人才培养理念很独特，是一种与社会合作培养的 COOP 模式。本科学制五年，实行三学期制。除了第一年和最后一年在学校学习，在中间三年中，学生要相间地在校学习一个学期，在企业或事业单位工作一个学期。这种教育并不是职业培训，而是让学生通过实际工作，了解社会需求，培养实际工作能力，督促学生思考未来发展方向。辛辛那提大学在 1905 年建立了这种教育模式，深受欢迎。现在，美国和加拿大已经有一百多所大学实行了这种模式。

我曾在加拿大滑铁卢大学访问了学校的 COOP 机构，正好碰见一个面试的学生，他正在准备与企业人力资源官面谈。据学校介绍，企业对学生的考察是很认真的，他们要根据学生情况安排工作，并按正式员工的 80% 付工资。学生不仅仅工作，学校还安排了相应的课程和管理队伍，辅导和督促学生的学习和生活。这种教育模式对于工科人才培养是比较有利的。重庆大学与辛辛那提大学合作，在一些工科领域进行了 COOP 教育模式的试点工作，取得了很好的成效。在这个例子中，重庆大学是根据自己的学科特点，有选择地与国外大学开展人才培养合作，开辟了加强工科实践教学的新模式。

与企业合作进行汽车专业学位研究生培养的想法，源于"2011计划"。2011 年清华大学百年校庆，时任总书记的胡锦涛在讲话中提出，要通过大学与社会的协同创新，提高国家整体竞争力。重庆市的汽车产业比较强，除了自有的长安汽车，还有合资的长安福特，而且，与之配套的汽车配件企业比较多，形成了比较完整的产业链。另外，中国汽车研究院也设在重庆，加上长安和福特的研究队伍，重庆的汽车研究整体实力是比较强的。

重庆大学汽车专业曾经很不错，但由于各种原因，一些人才散失了，学校在汽车领域没有跟上地方产业的发展。但重庆大学在机械、电器、计算机等专业有比较好的基础。大家认为，尽管汽车企业的整体研究实力比较强，但我们的最大优势是人才培养和应用基础研究，而这也是他们缺乏的。学校设立了汽车专业学位研究生培养项目，从本科三年级学生中招收研究生，与各汽车企业联合培养。这个项目得到了各汽车企业的热烈响应，长安为学生提供实践场所和研究课题，福特每年从美国选派十多位专家来重庆大学讲课。在"2011计划"项目评审中，专家对汽车领域研究生培养给予高度评价，认为反映了"2011计划"协同创新的根本理念，重庆大学的汽车协同创新获得了国家"2011计划"的支持。实际上，当人才培养合作启动之后，学术研究的合作也就自然而然地开展起来了。

路在何方

在上面的例子中，如果前面的仍然还是"借船出海"，后面的就带有比较强的"走自己的路"色彩了。中国与其他国家不同，社会经济发展很快，社会公众和企业对人才和学术有着很强烈的需求，而中国的优质教育资源比较短缺，大家都希望支持大学的发展。因此，中国大学应当充分利用好这个机遇，更好地借助社会力量发展自己，同时也为社会经济发展提供有力的学术和人才支撑。

北大也一直在进行类似的探索。我们强调要把主要精力和资源集中在学校的核心使命上，要培养人，要产生新思想、前沿科学和未来技术，这些是学校的根本，也是学校的核心竞争力所在。同时，我们也要认识到，服务社会是增强学校影响力的有效途径，也有利于聚集社会资源，增强学校的核心竞争力。最近，我们与北京市合作，共同建设全国科技创新中心；与山东省合作，在潍坊建立现代农业研究院；还与江苏省合作，在启东和常熟分别建立了生命科学和化学领域科技成果转化的机构。在这些合作中，地方政府和企业提供政策和资金，支持基础条件建设和日常运行。北大则聚集一批全球优秀学者，增强了学校的核心竞争力，也支持了地方发展和创新能力。

　　未来中国大学不再仅仅包括院系，还会有一些研究机构。这些机构可以由中央或地方政府资助，专门从事基础、应用研究或技术转化方面的研究工作。从这个意义上讲，未来中国大学的管理会更加复杂。一方面，大学管理者必须时刻牢记哪些是学校的核心使命，哪些是外延任务，学校的核心资源必须保障核心使命，否则，就会舍本求末，丧失自己的核心竞争力。另外，也不能因噎废食、缩手缩脚，丧失借力促进大学发展的良好机遇。最近，北大决定将一些从事外延任务的机构搬出校园，既为学校的核心机构预留更大的发展空间，也促使从事外延任务的机构努力争取更多的社会资源，获得更大的发展空间。我想，这可能会是中国大学的一个特色，一条不同于国外大学的属于我们自己的路。

7

『新工科』与『工程科学』

　　基础科学与技术应用相分离的教育和学术体系，显然对科研成果推广应用、国家创新能力提升是不利的。人类面临的严峻挑战，不能仅仅依靠传统的工程技术解决，还要有新的思维和方法，需要揭示实际问题背后的科学原理。重大科学问题的提出，也不再仅仅来自学者的兴趣，更来自人类的实践。钱学森先生在七十年前就提出了"工程科学"的观点，"新工科"不仅是要拓展工科领域，而且要建立工科人才培养的新理念：培养具有良好人文素养、兼具工程师和科学家素养的工程师。

最近，人们提出"新工科"的概念，希望以新的观念推进工程教育改革，真正培养出更具创新能力、面向未来的优秀工程技术人才。但是，"新工科"的内涵是什么，如何改革我们的工科教育体系？适应未来的需要？这些都是需要我们认真思考和研究的问题。

工科与理科教育

20 世纪 50 年代初的院系调整中，我们借鉴苏联模式，把大学分成文理科学校和工科学校。过去十多年，中国教育变化很大，国家投入增加，办学规模扩大，国际影响力提升，很多学校也实现了从专科型学校向综合性大学的转变。但是，我们的理工科教育模式变化不大，仍然以传统的专业教育为主，这显然与国家未来发展的需要并不适应。建设创新型国家，应对人类面临的巨大挑战，实现国家的可持续发展，需要一批具有问题意识、掌握科学思维方法的创新型人才，这恐怕就是提出"新工科"概念的初衷。

我哥哥曾是一位汽车设计工程师，现在已经退休了。他认为，在大学学到的工程技术的知识和原理，基本可以满足实际设计需要。当然，每次做新车设计时，都会遇到一些新问题，也需要学习和了解最新的进展，但作为工程师，他们没有能力或没有愿望去做根本性的或原理性的创新，只是在原来的框架内进行设计。一般地说，工程师需要有问题意识和目标意识，要能够熟练地运用最成熟或最新的技术，尽快地解决问题。这与理科学者的思维方式大相径庭。

理科的研究常常是兴趣主导的，探索未知世界，喜欢标新立异，而对应用考虑不多。我在美国学习时，系里有一位著名学者，在新化合物的合成方面做了很多工作。他在办公室的门上挂了一个渔夫的漫画，并常把自己的研究比作钓鱼，意思是说他的兴趣只是寻找新的化合物。还有人用射箭方式比喻理科和工科的差别，认为工科用的是老弓箭，还想要"指到哪里打到哪里"，而理科总是在发明新弓箭，但只是想证明弓箭能用，"打到哪里都没关系"。

钱学森的工程科学思想

基础研究与技术应用分离并非中国大学独有的现象，钱学森先生很早就注意到这个问题。二战期间，盟国将很多新的科学发现迅速转变为应用技术，作为武器应用到战争中，他由此预感到基础科学与工程技术紧密结合的重要性。1947年，钱学森先生回国结婚，曾到浙江大学等几所学校做过讲演。讲演中提出发展"工程科学"的建议，认为"工程科学最重要的本质——将基础科学中的真理，转化为人类福利的实际方法的技能,实际上超越了现在工业的范畴"，并提出"纯科学家与从事实用工作的工程师之间密切合作的需要，产生了一个新的职业——工程研究者或工程科学家。他们形成纯科学与工程之间的桥梁。他们是将基础科学知识应用于工程问题的那些人"。

钱学森先生还对工程科学家的教育和培训，提出了很多建议。他认为工程科学家应当具有坚实的工程学和理学基础，还需要有解决实际问题的能力。要达到这一标准，工程科学家应当经过严格的学习和培训，这也应当包括研究生教育阶段。考虑到当时科学技术的发展状况，钱学森先生的观点是很有前瞻性的。

新思维的工程科学家

今天，世界已经发生了很大的变化。全球化、知识经济、信息技术使各种生产要素在世界范围内迅速流动，知识和科学技术已成为最重要的生产要素，成为国家竞争力的核心。中国的发展更加需要科学技术的支撑，更加需要卓越人才的支撑。正如习总书记讲到的："我们对高等教育的需要比以往任何时候都更加迫切，对科学知识和卓越人才的渴求比以往任何时候都更加强烈。"而且，科学与技术的快速发展，特别是信息技术的快速发展，使科学发现到技术应用的距离大大缩短。

人类面临很多新的严峻挑战和问题，已经不能仅靠传统的工程技术来解决，需要通过揭示实际问题背后的科学原理，用新的思维、新的方法才能真正解决。与此同时，科学研究的方式也在改变，学者的兴趣不再是科学研究的唯一推动力，人类面临的实际问题和重大挑战背后，都包含了深刻的科学问题，这也要求科学家要了解和参与到实际问题的研究中。因此，国家和社会发展不仅需要传统意义上的工程师和科学家，更需要一批像"工程科学家"这样的复合型人才。

有一位朋友是学理科的，一直在综合性大学工作，后转入了一所工科大学。他曾谈起两个学校文化上的差别。这所工科学校的学生很优秀，也很专注，但每当给学生课题的时候，学生都会问这个项目有什么实际用处。对于一个纯科学家来讲，这是个令人尴尬的问题。科学家提出问题主要基于对科学前沿的理解，更关心的是新原理和新发现，潜在的应用并不是首要考虑的问题。工科学校的学生提出这样的问题很正常，这是学校文化和学科背景决定的。实际上，学生提出的问题，对理科背景的教师是很好的，会督促教师更加关注研究的实际应用背景，促进人们思考科研成果的转化和应用。当初，我们建设北大工学院的一个初衷，就是希望在北大注入关注实际的文化元素。当然，文化的转变还是需要假以时日的。

北大的工程科学

我们现在讲的"新工科"，与钱学森先生70年前提出的"工程科学"的基本理念是相通的，本质上都是面向国家、面向未来，提高学生发现问题、解决问题的综合能力。但是，由于每个学校都有各自的人才培养定位，而且学科布局和学术文化的特点也不同，"新工科"的人才培养也要根据各自的特点，发挥各自的长处，采取不同模式。

20世纪50年代末，北大开始重建应用科学类的专业，但主要集中在计算机、电子学和核科学技术等国家急需的领域。2005年建立了学科比较全的工学院，明确了发展工程科学的基本方针。在人才培养中，工学院提出了"工之道，实为本，新为上"的基本原则。一方面，本科生教育仍然保持了注重理学基础的特点，关注学生的思维能力和想象力，养成揭示事物发展规律的思维习惯，另一方面，关注问题意识和实践能力的培养，养成勤于动手解决问题的习惯。

北大是一所以文、理、医为主的综合性大学，崇尚自由发挥和兴趣导向，北大的学生在校园中天天都会受到这种文化的熏陶，因而，北大工学院的人才培养要更加注重工程训练和实践，培养学生解决实际问题的能力。对于工科文化比较强的学校，应当加强学生创新意识的培养和训练，不能让固有的思维模式束缚学生的思想。

总体看，北大工学院的人才培养方案仍具有较强的理科特点，还不能称之为真正的"工科"。最近，工学院参考国外一些工学院的人才培养方案，对生物医学工程等专业的本科培养方案进行了修订。国外大学在理科基础、工程基础和生物医学等方面更加均衡合理一些，医学和工程实践也很有特色，这些都很值得我们学习和借鉴。

新工科的人才培养

一些人认为"新工科"主要应当拓展一些新的工科领域，从而改造传统的工科教育。我觉得这种看法过于局限，并没有抓到"新工科"的本质。"新工科"的核心是要建立工科人才培养的新理念和新方法，培养兼具工程师和科学家素养的人才。我们应当把工科教育中注重实践实际、注重标准规范的特点，与理科教育中注重原始创新、倡导别出心裁的特点，很好地融合到"新工科"人才培养方案中，增强学生对社会需求的观察、分析和实践、发现问题和找到发展机会的能力，跳出固有观念，开拓新方法去解决问题。

"新工科"的人才培养也要特别关注人文素养的培养。表面看，人文素养是培养人们对文化、历史、艺术的理解，这对所有人都是重要的。但对于工科教育而言，人文素养更加重要，因为它可以帮助我们发现新需求，用更加合理的方式解决实际问题。随着社会的发展进步，人们的需求越来越多样化，我们不仅要用更好的方式去满足人们的需求，还应当去发现和创造新的机会，引导人们的新需求。北大曾有几位学生，他们看到校园中有大量的"僵尸"自行车，既浪费资源，又挤占了校园空间。于是他们提出共享单车的概念，先是把"僵尸"自行车回收修整，提供给同学共享使用，后来逐步发展成为世界最大的共享单车企业，上千万辆共享单车已经遍布世界各大城市。大多数人都不会关注这些生活中司空见惯的现象，但恰恰是这些"司空见惯"存在新的商机。良好的科学素养、发自内心的人文关怀、勤于思考和创新的思维习惯，以及勇于实践、不怕失败、细心谋划的工科思维，这些可能就是我们的"新工科"希望培养出来的人才特质。

8

校
园
也
是
教
育

一位国外来的朋友周末到学校访问，本想约一位教师谈些事情，但在校园里转了很久也没有找到能坐下来喝茶的地方，最后只好在车子里简单聊了聊。校园应该是能够让人静心学习、安心做学问的地方，一定要有品味才行。当然，要达到静心，校园环境只是一个方面，更重要的是制度和文化氛围。要坚决杜绝功利浮躁、投机取巧、沽名钓誉，通过完善和严格执行制度，形成公正、平等、和谐、进取的文化氛围。

重庆大学有一个很好的传统，开学第一天，校长要带领院系和部门领导，到教室查看上课情况。我是 2010 年底到重庆大学担任校长的。第二年春季开学，就与大家一起巡视教学情况。当来到第八教学楼的时候，看到一个教室门上的玻璃破了，我就随口问了一句："为什么不抓紧修好呢？"有一个部门负责人，半开玩笑地说道："重庆不像北京，这里天气热，没有玻璃通风好啊！"我很认真地对他讲："如果你是一个学生，坐在一个破烂不堪的教室里，会是什么样的心情，你还能珍惜这所学校吗？"当然，这位负责人是在开玩笑，但我们每一个教育工作者都应当时刻牢记，我们的核心使命是培养学生，学校应当想方设法让学生在大学的几年中有更好的学习和成长体验。

北大有一个美丽的校园

北大校园非常美，原来是燕京大学的校园，是 20 世纪 20 年代设计建设的。未名湖、博雅塔、静园和六院等建筑古香古色，保存完好，已经成为学校的标志。近些年，学校对未名湖周边进行了重新规划和整治，国发院、数学中心、人文学院虽然是新改建的，但依然保持了原有的建筑风格。未名湖的后湖一度杂乱无章，经过整治和绿化，并建设了中水回收系统，恢复了湖面洁净，引来了不少野鸭和鸳鸯。最近，学校还对学生居住区做了改建，拆除了一些私搭乱建的平房，使之恢复成了绿地。

今天看来，北大的校园实在是太小了。我们的本科生规模一直是稳定的，但研究生数量增加很快，学生规模已经达到 4 万人。再加上外来参观学习的人流，校园已经变得拥挤不堪。过去十多年，学校的基础设施始终处于临界状态，学生招多了，就拼命改建宿舍，扩大宿舍容量；宿舍稍微缓解一些，又增加招生，结果是宿舍楼越盖越高，校园越来越拥挤，学生的体验越来越差。机动车和遍地的自行车使本来就已拥挤不堪的校园雪上加霜。大学校园本应是让人悠闲漫步、静心思考的地方，擦身而过的机动车和自行车总是让人心惊肉跳、精神紧张，哪里还有静思的雅兴？每天晚上，我都会在未名湖散步，也只有在这个时候，才能体验到校园的宁静和安详。

我们在考虑校园规划时，优先考虑的往往是院系和学科发展的需要，这很正常，因为院系和学科毕竟是学校发展的基础。但我们常常忘记了，学生是学校最重要的群体，或称作我们的客户，他们的体验是我们最应当关注的。实际上，只要我们用心，从学生角度着想，是不难找到很多改善的办法的。例如，学校的建筑中有不少空余的公共空间，可以充分利用起来，可以设立一些休闲或自习的场所，也可以建一些咖啡屋或茶吧，让学生停下来、静下来，而不总是宿舍、教室、食堂三点一线。又比如，我们可以使就餐环境更舒适一些，图书馆更便利一些，把厕所打扫得更干净一些。这些都是小事情，也不难做到，但学生的体验就会大不一样。

要让人心静下来

校园环境还只是外部的，要真正使人心能够安静下来，还要从制度、文化和服务上下功夫。

我们处在一个快速变化的时代，中国的社会和经济的快速发展，很多变化让人有些应接不暇。同时，信息技术和传播方式的发展变化，改变了人们生活、学习和工作的方式，很多年前根本不可想象的事情，现在都出现在我们身边。我想即使是专家，也很难预计十年之后人们的生活会是什么样子。面对快速变化的世界，一些事情好像都不确定了，人们难免产生焦躁情绪，滋生功利的想法，这样的思潮不可避免地会反映到校园中来。

这并非是说大学就一定会随波逐流。事实上，大学应当对功利有天然的免疫力。从本质上讲，做学问是要静心的，有时甚至是孤独的。当一个学者的身心都浸入到学问中，他会被自己的发现所感动，会不顾一切地去探究，进入一种"只问是非，不计利害"的境界。研究学术如此，教书育人也是如此。

当然，学者也是人，有七情六欲，也有利益诉求。如果学校的体制总是有利于那些善于投机取巧、沽名钓誉的人，大家就都很难坐得住冷板凳，"只问是非，不计利害"的人就会越来越少。因此，若要在学校形成能够静心做学问的气候，有三个方面是需要特别注意的：首先是要让教师无后顾之忧，要有良好的工作环境，体面的生活保障，不必为五斗米折腰；其次是要让他们感受到尊重，感受到公平，能够在一种自由和宽容的氛围中，去追求学术带来的精神享受；最后是要坚守制度底线，明确价值导向，任何人破坏学校的制度和规则，都要受到惩罚和谴责，这样才能营造出公平和积极向上的氛围。

营造静心做学问的氛围是一个细活，各方面要密切配合才能实现，而且，其中起决定作用的还是学者们的主流价值取向，当然，学校的意愿、引导和支持也是非常重要的。从目前的情况看，静心安详氛围的主要障碍恰恰来自行政对学术管理的过度干预。例如，在很多学校中，由于没有能力进行恰当的学术评价，人们就利用简单明了的数量指标代替真正的学术评价，如科研经费、文章数量和学术期刊影响因子等等。久而久之，学者们也开始喜欢用这种简单办法评价自己的同行了。不用劳心费力地阅读和研究同行的著作，也不用冒着得罪人的风险，做入木三分的评价，貌似公平的数字是铁一般的事实，简单、明了、省力。学术共同体的这种冠冕堂皇的懈怠和失德，恰恰把自己推进难堪的境地。解铃还须系铃人，解决这些问题只能靠学术共同体自己，我们要相信学术共同体自我净化的能力，减少行政对学术管理的干预，把学术管理的权柄归还学者。我们相信，假以时日，学术共同体是能够重塑学术尊严的。

大学里还有一个很有意思的现象，很多学生无论是做学问的态度，还是为人处事的方式，甚至举手投足，都会越来越像他的老师，特别是师生多年的研究生更是如此，这可能就是人们所说的"近朱者赤，近墨者黑"吧。由此可以看到，老师对学生的影响是很深的。因此，一旦教师静下心来，专心于学问和教育学生，学校的整体氛围就形成了，学生自然也就会静心学习了。

9

共享与共赢

　　满足社会公众日益增长的教育需求、实现教育公平，是全面建设小康社会的重要任务，也是大学的重要责任。我们的优质教育资源整体缺乏，分布也很不均匀，东部情况略好，东西部差距很大。而且，这种状况是由经济发展水平和社会开放程度决定的，在相当一段时期内，很难从根本上扭转。现代信息技术提供了一种低成本转移优质教育资源的可能性，东西部课程共享联盟的成功运营使可能变成了现实。

石河子大学一直是北大对口支援学校，这是国家提升西部高等教育水平计划中的一项，已经持续了十多年。2002年我到石河子访问，那是我第一次到新疆，忙完工作之后，决定去听一节课。讲课的是一位青年教师，正在给哲学系本科生上美学课。在课堂上，教师捧着叶朗先生的《美学原理》，一直都在读教材，中间只是停下来，解释几句。看到这样的场景，我心里很不好受。同样是大学生，在北大学习的同学可以聆听叶朗先生的面授，而石河子大学的学生，只能这样上课。下课之后，我与任课老师聊了一会。这位青年教师刚刚本科毕业，那也是他第一次给学生上课。

重庆市的大学联盟

几年之后，我自己也来到了西部地区工作。当然，重庆是西部的一个大城市，在抗日战争期间曾经是陪都，有不少大学，水准也不错。重庆市的大学没有进行过大规模的合并，很多都是单科的学校，都有各自的特色。单科的学校可以把更多的力量集中在几个领域，这对学术研究是有利的。但是，学科单一对人才培养是很不利的，特别对学生的综合素质的培养和创新能力的提升很不利。

担任重庆大学校长之后，我曾拜访过一些学校，提出了组建重庆市大学联盟的建议。从学科互补性出发，第三军医大学、重庆医科大学、西南政法大学、四川外语学院、西南大学和重庆大学六所学校，作为联盟的第一批成员。联盟主要定位在教师互聘、学生交换、课程共享、学科共建等几个方面。联盟还设立了秘书处，联盟理事长由各学校轮流担任，并建立起了规章和制度。联盟在很多方面的合作都卓有成效，重庆大学与第三军医大学建立了联合生物医学工程学院，在一些领域实现了教师互聘和共同指导研究生等等。重庆市大学联盟也开展了课程的跨校开放和互选，这是联盟建立最重要的初衷之一，也是对提升重庆市高等教育最有意义的一件事情，但实施的效果并不十分理想。实际上，尽管六所学校都在重庆市，但校区之间的距离还是比较远的，学生并不愿意为一节课来回奔波，空间距离成为联盟发展的瓶颈。

东西部课程共享的设想

当时，上海市已经组建了大学课程共享联盟，也试图通过优质教育资源的共享，弥补一些专科类学校在通识教育资源上的不足，提高上海市高等教育的整体质量。上海课程共享联盟是官方行为，教委投入资金建设共享课程，推动各学校的参与。有一次，我去上海参加会议，约见了时任上海市教委副主任的印杰。印杰曾担任上海交通大学负责教学事务的副校长，我们比较熟悉，一同会面的还有上海卓越睿新数码科技有限公司的葛总，当时负责上海共享联盟的运营。最初我只是想借鉴上海的经验，把重庆市大学联盟的课程共享开展起来。了解了他们的理念和技术储备之后，我们都认为这种理念可以在全国大学中实施，去解决东西部高等教育资源不均衡的问题。

回来之后，我们就立即着手开展全国课程共享的研究，李茂国副校长具体负责这件事情。当时，大家都很兴奋，认为这会对解决国家高等教育发展不均衡问题产生重大影响。随后的几个月，重庆大学和上海卓越睿新团队一起，做了大量的调研、讨论和论证，提出了建立东西部课程共享联盟的设想。这是一项大胆的建议，尽管有很多不确定性和争议，但还是得到了重庆大学各方面的高度认同。当时，我们也与重庆市教委沟通了情况，他们表示支持，只是资金方面有问题。

东西部高校课程共享联盟于 2013 年 4 月在重庆大学虎溪校区成立，全国一百多所学校参加了会议。会议期间，大家参观了互动式教室，观看了重庆大学与同济大学远程上课的现场，还对课程共享联盟未来发展进行了热烈的研讨。当时有四十多所学校签约加入了联盟，东西部课程共享联盟就这样从无到有，仅用了不到半年的时间。建立联盟容易，但后续的挑战还是很大的。参加会议和加入联盟的学校，都认为这件事情的确很好，很有意义，但对联盟能否真正运作起来，并没有信心。即使对于我们自己而言，虽然满怀热情，但对于"做什么""怎样做"心里也是没有底的。

解决中国的问题

美国的慕课（MOOC）项目很红火，Coursera、Udacity、edX 等都是主要的课程提供商，世界一些著名大学都参与其中。最近几年，中国的部分大学也有一些课程在这几个平台上。美国高等教育与我们不同，大学的布局和层次比较合理，各类学校都有自己的特定受众，就业市场和职业培训也都相对比较成熟，因此，美国大学对网上课程共享并没有强烈的需求。我曾与美国的一些大学校长谈起慕课的影响，大多数都认为他们的学校不需要这样的课程。美国慕课的动力主要来自著名大学，他们希望借此提高学校和教师的影响力。因此，美国慕课只能在大学教育之外寻找受众和市场，直接面向社会开放和提供课程。

中国的情况不同。我们经历了高等教育规模的扩张，大学的同质性比较强。而且一些新建学校的目标定位和就业市场还很不成熟，教师队伍参差不齐，基本的教学质量还难以保证。因此，中国很多大学更希望通过网上课程共享，得到优质教育资源，提高人才培养质量，这是大学教育本身的一种需求，是对学分课程的需求。

学分课程要求是比较高的，除了高水准的教师、优质的课程、喜闻乐见的授课方式之外，还需要提供课程管理服务、全过程的质量控制、学生对教师的评价等等。这些都是面向其他大学的教育服务，任何一所学校都没有能力和内在动力承担如此繁重的服务任务，这也决定了联盟的运营和服务只能借助市场的力量，由技术能力比较强、服务水准比较高的企业承担。

共赢才能实现共享

"东西部课程共享联盟"是一个公益性组织，初衷是东部学校免费向西部提供优质课程，通过教育资源共享，提高西部教育水平。但实际情况远远复杂得多，首先遇到的一个问题是，要实现"共享"，必须建立"共赢"的机制，只有"共赢"，才能实现可持续的"共享"。

东西部课程共享是一项公益事业，但负责运营的主体是一个企业，而只有按照企业的运营逻辑，才能持续发展。因此，建立可持续发展的机制是一件很困难的事情，没有成功经验可以借鉴。但是，很多事情并不是有了合理的运营模型才开始行动的，而是要在行动中寻找合理的运营模型。只要坚信课程共享的方向是正确的，就要先行动起来。

在过去的四年里，智慧树网一直负责东西部课程共享联盟的运营服务，投入了大量资金、人力和物力，建设了几千门共享课程，受益的学生从最初几万人，达到现在的近千万。智慧树网还精心打造了几百门通识教育课，聘请最优秀的教师，认真设计和创作教学内容和方法，采用线上线下相结合的教学模式等等，整个课程的设计、讲授都让人耳目一新，受到了学生们的喜爱和赞扬。目前，东西部联盟及智慧树网已经成为世界上最大的学分课程平台，提供的共享课程受到政府、学校和社会各界的广泛赞誉。

公益事业与商业化的运营服务，看似不相容的两个事物在东西部联盟上结合在一起了，这的确是一个新的事物，需要新的思维。十多年前，中国大学曾兴起后勤服务的社会化，当时很多学校都把后勤服务承包给了物业公司。后来由于各种原因，一些学校退了出来。重庆大学的新老校区采用不同的管理模式，老校区仍然是后勤部门管理，新校区则聘请了物业公司。事实证明，物业公司的管理水平、服务态度和运营成本，都远远优于学校自己的后勤部门。我当时曾询问为什么没有都选物业公司管理，答案很简单，也很实际，就是由于学校后勤还有很多人员需要安排工作。新校区没有包袱，后勤社会化改革就容易一些，而老校区人员包袱比较重，难度自然就大一些。浙江大学的后勤社会化改革比较彻底，把后勤服务部门剥离，建立后勤集团公司，完全按企业模式运营。浙江大学后勤集团发展得很好，不仅承担了本校的后勤服务，还把业务拓展到了全国很多学校。

本质上讲，公益事业与商业化的运营服务并非是水火不相容的，关键还是人和观念。当然，课程和教学管理服务不同于后勤，需要一支专业化程度高、技能娴熟、能与教师沟通交流的服务队伍。现在学校的课程服务是缺位的，有一些是研究生担任的，服务水准和专业化程度都是比较差的。学校的教学管理服务主要由职能部门承担，重管理而轻服务，本末倒置了。设想一下，如果学校能够聘请专业化的服务队伍，对提高教学质量、减轻教师繁杂事务性工作，都是有好处的。东西部联盟的课程都是由各个学校提供的。智慧树网的工作人员与教师一起设计课程、编辑课程和拍摄课程视频，承担课程落地、教学管理、见面课程等多种服务。强大的教学信息化平台，大大降低了人力资源成本，也使课程服务和管理服务更加高效和透明，但这些都是有成本的，也需要建立"共赢"的体制机制。

智慧树网之所以能够提供免费的课程服务和教学管理服务，主要源于投资者和公司管理层对未来的期许和信心。实际上，智慧树网运营成本并不高，每年也就是几个亿的支出。前期，智慧树网做了一些社会融资，目前的运营也主要靠社会融资支撑。但东西部联盟取得的社会效益却是巨大的。2017 年选修东西部联盟课程的达500 万门次，2018 年预计将超过 1 000 万门次。目前，中国大学的在校生大约 3 000 万，假定平均每人每年选修 15 门，这样算下来，选修东西部联盟课程的占到总人数的 2% 左右。中国高等教育的投入接近 10 000 亿元，按此估算东西部联盟共享课程社会效益约为200 亿，应该是一种很高效的方式。

课程共享与服务是教育领域的"互联网 +"，对于中国这样的人口资源大国，高等教育的需求是非常强烈的，教育领域的课程服务和教学管理服务的社会化和信息化将会是必然趋势。东西部联盟的实践是世界领先的，现在面临的主要问题是建立起"共赢"的机制。这要求既要考虑学分课程的公益性质，也要兼顾企业的支出和成本。从公益角度看，受益学校应当提供适当的补偿，同时，政府也应当以购买服务的形式，提供一定的补偿。

第四章 率与变

作为大学校长，需要融合个人价值观、办学理念、学校资源，启迪广大师生员工勇敢地拥抱变化，使大学真正回归人才培养的教育本位。大学要首先担负起为社会输送诚信公民的职责，才能真正履行好科学研究、服务社会。

1

书
记
与
校
长

　　我到国外访问，曾经被问起：在中国的大学，书记和校长谁
说了算？实际上，党委领导下的校长负责制，是很能体现中国人智
慧的一项制度安排。党委把握办学方向，校长在党委的领导下，担
负起学校运行和发展的责任。当然，这也要求书记和校长精诚合作，
才能把学校办好。

从 2010 年底至今，我分别在重庆大学、浙江大学和北京大学担任校长，前后共与四位书记搭班子一起工作。这四位书记各有特点，性格迥异，但都有很丰富的工作经验。这些年，我与四位书记的合作都非常顺畅和愉快，不仅从他们身上学到了很多，也慢慢对书记和校长之间的合作规律有了一些体会。如果只用一句话说明书记和校长的合作规则，那就是"私下里要开诚布公，公开时应口径一致"。

避免公开争议

有一次，我主持重庆大学的校务会，讨论学部建设问题，欧可平书记和副书记都参加了会议。重庆大学有一些新建的学院，学科设置还没有规范好，班子和管理上的问题也比较多。由于实行"学校—学院"两级管理，学校要面对众多学院，管理幅度宽，很难深入了解情况，也很难对学院实行有效管理。当时，学院的规范管理和学科发展是制约学校发展的主要瓶颈之一。大学学术组织的构架问题在中国大学普遍存在。我在北大任常务副校长时[1]，就曾深入思考过这个问题，形成了比较完整的思路和办法。

在校务会讨论中，我先分析了重庆大学面临的主要问题，谈了自己的观点和看法，希望尽快全面推进学部的建设。但欧书记认为学部制[2]改革应当更加稳妥一些，建议先建立文理学部，取得经验后，再逐步推开。由于书记和校长的意见不一样，班子中其他成

---

[1] 作者于 2002 年 9 月至 2004 年 12 月任北京大学党委常委、副校长兼教务长；2004 年 12 月至 2010 年 12 月任北京大学党委常委、常务副校长兼教务长。
[2] 学部制：其基本形式是：在综合性大学里，学科相近的不同学院被整合在一起，形成"学部"，负责和协调各学院的学术发展、科研组织和队伍建设等工作。

员都比较为难，但部分同志还是谈了各自的看法，一部分赞同尽快推进，一部分反对，分歧明显。我当时感到继续讨论会使大家很尴尬，因为会议的焦点不再是学部，而是演变为表态和站队了。于是我与欧书记商量，及时中止了讨论，并建议按照欧书记的意见，先建设文理学部，总结经验后再全面铺开。

实际上，先试点还是直接全面铺开，并不是原则问题，但书记和校长在会上出现分歧，则是很严重的事情，这会影响今后学校的发展建设。

分工与职责

中国大学实行党委领导下的校长负责制。党委实行集体领导和民主集中制，全面领导学校的工作。学校的重大问题都要经过党委讨论和决策，校长和行政班子执行党委的决定，担负起学校学术和行政管理的责任。从学校的实际运行角度看，党委不仅在重大问题上发挥政治保障作用，还对学校的行政运行和管理起到监督作用。

从一定意义上看，大学的管理体制与公司体制有一定可比性。有时候，我开玩笑地说："党委相当于董事会，讨论和决定重大问题，校长相当于首席执行官，负责运行。"但与公司董事会不同的是，书记和校长都是上级主管部门任命的，学校的任何重大决定，只有当书记和校长达成共识时，才能真正落实和实施。因此，书记和校长两个人的默契程度，对学校的健康发展和正常运行都是至关重要的。如果书记与校长由于办学理念不同或性格不和，把关系搞得很僵，甚至意气用事，你向东我偏要向西，将会严重影响学校的氛围和政治生态。

沟通是最好的途径

书记和校长都应当共同遵守一个原则：不能在公开场合暴露双方的分歧。在中国大学的管理体制下，尽管书记和校长有分工，但学校是一个整体，每一项工作都需要密切配合。因此书记和校长的"人和"是最为重要的。如果书记和校长合作得好，这是学校之幸。若书记和校长合作不好，或出现矛盾，在学校层面是无法缓解和解决的，上级主管部门也没有日常的干预措施，常常就造成问题越积越多，由小变大，最后只能等到换届才能一并解决。因此，书记和校长即使有不同的观点和看法，也不要在公开场合表现出来，而应当通过私下沟通逐步化解。

出现那次学部建设意见分歧之后，我做了深刻反思，感到自己有些过于自信，应当建立起与书记和班子同事深入沟通的机制。于是我与欧书记约定，今后每周都要碰一次面，谈谈各自的想法和看法。交流和沟通多了，相互之间就有了信任和理解的基础，遇到问题就容易解决。后来我到浙江大学和北京大学工作，这种书记与校长的制度性沟通机制一直保持下来。除了与书记的沟通，我也要求自己与班子同事形成经常沟通的机制。私下沟通一定要开诚布公，特别对一些原则性问题，一定要把观点讲清楚、讲透彻，千万不能含含糊糊、模棱两可，达不成一致意见也不要紧。若是原则问题，可以搁置再议，若是枝节问题，也不必纠缠，让一步就可以了。

不纠缠枝节

中国一些大学的确出现过书记和校长闹得不可开交的例子。有一些学校，虽然没有闹到这个程度，但也是面和心不和，各唱各的调，这会使下属们无所适从，影响学校的运行与发展。实际上，两人共事，总会有不同的看法，也难免会有磕磕碰碰，这都是很正常的，应当通过私下沟通达成一致或妥协。学校里也还是有一些很"聪明"的人，专门从书记和校长的分歧中钻空子、找机会，使自己或团体的利益最大化。因此，无论在看法和观点上有多大分歧，书记和校长都要谨遵不公开争辩的原则。

在重庆大学的学部制讨论中，最重要的实际上已经不是学部制建设进度的问题，而是领导班子今后还能否和谐工作。如果继续在这个问题上纠缠，大家都寸步不让，伤了和气，坏了氛围，不仅学部制建设无法推进，恐怕连学校的很多工作也难以进行。事实上，学部制建设进度的确不是原则问题，能够快一些固然好，但慢一些，先在文理学院试点，再逐步推开，也是有利的。那次会议之后，学校很快组建了文理学部，聘请北大的吴云东[1]院士担任文理学部主任。文理学部建立之后，建立了各类委员会，经常组织院长们探讨面临的各类问题，大家的精神面貌和工作状态发生了很大变化。学校和其他院系的领导看到了学部制带来的变化，纷纷要求尽快在全校推广。学校因势利导，又相继组建了工学部、信息学部和建筑学部，完成了重庆大学学部体系的建设任务。

"和"则兴

书记和校长要成为很好的搭档，必须建立起相互的信任和理

---

[1] 吴云东：男，汉族，1957年5月生，江苏溧阳人，香港科技大学化学系教授，中国科学院院士，理论有机化学家。现任北京大学深圳研究生院院长，化学生物学与生物技术学院讲座教授，曾担任重庆大学文理学部主任。

解。信任也是需要刻意培育的。书记和校长要对学校的发展形成一致的理念、目标和战略，在此基础上，努力形成价值观上的一致和认同。培育价值观念上的认同是一件很不容易的事情，不仅要在处理学校事务时做充分的沟通和讨论，还应当一起参加一些集体活动，交换一些关于家庭、生活和其他事情的观点和看法。很多时候，对与学校无关事务的讨论，更能拉近人与人之间的距离，有利于建立共同的价值观念。平时多沟通，多交换看法，就更容易理解对方的思维和工作方式，即使有分歧也成不了大问题。如果两人观念不同，又各怀心事，互相猜疑，即使没有问题也会生出很多事端。要记住，隔阂起于猜疑，信任源于沟通。

书记和校长承担着学校建设和发展的重任，"和"则学校兴旺，大家的心情也会舒畅，"争"则两败俱伤，学校就会出乱子。由于学术背景不同，书记和校长看问题的出发点会有所不同，关注的侧重点也会不一样，因此，对学校工作进行适当分工是有好处的，可以充分发挥各自的特点和长处，取长补短。但分工不是分家，要相互配合，主动补台，才能把学校工作做好。人都有优点和缺点，也有长处和短处，书记和校长都要从大局出发，多看对方的优点，包容对方的缺点，发挥对方的长处，主动弥补对方的短处。两人一起工作是需要让的。有时候，某项职责可能是你的长处，如果对方积极性很高，要让，但要讲清楚你对这项工作的看法，帮助他把握好方向。两人一起工作也是需要"忍"的。人无完人，都会有缺点，我们自己也一样，要学会宽容对方。双方的共同目的是把学校办好，因此，一定不能固执己见，或听不进不同意见，更不能动则上纲上线，以势压人。这会伤害感情，涣散人心，搞得别人不开心，自己也不会好受。

我还是很幸运的，在三个大学担任校长的过程中，与四位书记合作得都很好，一起为学校做出了一些成绩和贡献。我在重庆大学工作了两年半，我们在学校发展理念、管理构架改革、人事制度改革和教学改革等方面做了不少事情，尽管当时群众中有一些不同意见，但现在看，这些改革措施对学校长远发展的意义还是很大的。我在浙江大学工作的时间更短一些，只有一年零八个月。虽然做的具体工作不多，只涉及队伍建设、人事制度、文理科调整等几个方面，但我觉得对浙江大学的发展理念还是产生了一些影响的。我对北大的情况相对更熟悉一些，所以进入工作也比较快。北大现在面临的任务很重，而且由于文化和传统的影响，在北大做事情是比较难的，需要与书记和班子的同事更好地协调和配合。从现在情况看，北大的发展势头很好，在教学改革、人事制度改革、学科调整等方面都有很好的进展。我非常感谢合作过的四位书记，他们对我工作的支持、对我缺点的包容和对学校的负责和奉献精神，都使我受益匪浅。能够与大家一起工作，是我一生的幸运和非常难得的经历。

2

万事开头难

　　"好的开始是成功的一半""万事开头难",这些都是老话了,但讲得很有道理。短短几年时间,我前后在三个学校担任校长,开了三次头,还真不是一件轻松的事情。特别是不想当太平官、想要有些作为的话,那就更难了。但我很幸运,总能遇到很多好同事一起工作。同时我也很满足,每到一个地方,总能为学校做一些贡献。这篇短文记录了我到一个新学校的想法和经历,希望对那些奔赴新岗位的同仁有些用处。

2015 年初，我回北大任校长时，网上流传一个段子。一个毕业生求职，他是重庆大学本科毕业，浙江大学硕士毕业，在北京大学获得博士学位。面试官看了看毕业证，发现上面都盖的是校长林建华的章，正色道："要造假也应当专业一点啊，你就不能多刻几个章！"这个段子是在调侃我担任校长的时间都太短。我在重大做了两年半，在浙大做了一年八个月，时间的确太短了。我也曾与几个校长开玩笑，自嘲做了几年的"访问校长"。顺便说一句，到现在为止，还没有出现段子里讲的三个章的情况，但的确已经有两个章的例子了。

万事开头难

俗话讲"万事开头难"，每到一个新岗位，都要重新了解基层情况，学习学校的历史和传统，思考进一步发展的战略，推进各项工作。在四年多时间里，经历三次"从头开始"，并不是一件十分轻松的事情，所以，不到万不得已，千万不要这样做。当然，从个人的角度来讲，有这样的经历也是很难得的，特别是对如何"从头开始"我还是有一些感悟的。校长是一个责任很大，也很难做的岗位，我相信所有选择这个职业的人，都不是要做太平官，都会尽其所能，努力为学校的发展和进步做些事情。大学是很难驾驭的机构，每所大学都有自己的个性，教师也一样有个性。要改变，先要融入，先要适应。

一个新任的校长，要面对数万师生员工，各个都精灵剔透，都在看着新校长要做些什么。因此，上任之初一定要保持良好的开放心态，少说、多看、多听，要尽快了解学校的情况，了解历史和文化传统，融入到学校之中。

一个学校的历史和文化很重要，是理解人思维方式的钥匙。了解了重大和浙大的历史，就不难理解重大人的义气与豪爽、浙大人的理性与务实。重大人比较直率，无论是公开还是私下，都会直截了当地讲明自己的观点和看法，遇到问题，也愿意告知事情的来龙去脉、事由原委。重庆人都说自己是南人北像、袍哥文化。下了班，很多年轻人会聚在一起去喝啤酒、吃麻辣烫。浙江人比较内敛，轻易不说，说出来的都是经过深思熟虑的，而且，工作与情分泾渭分明，绝不掺合在一起。这两所学校都有辉煌的历史，文化根基也都很深厚。重大的先辈很有见解，"研究学术、造就人才、佑启乡邦、振导社会"的建校宗旨，不仅申明了办学的理念，也体现了先辈们的社会责任和浓浓的乡情；杭州从来都是文人雅士荟萃之地，浙大的理念淡雅深邃、意味深长，"求是"校训短短两字，启迪人们去思考、去求真和去创造。

了解你的同事

与国外大学不同，中国大学的干部是上级主管部门选拔的，校长不能随意改变。因此，一个新校长首先要了解和适应他的副手，要了解他们的为人和做事的方式、价值判断的基础和背景等等。细致的观察和相互理解是很重要的，因为你要依靠他们提供的信息做出判断和决定，也要根据各自的特点做出合理的分工。中国大学实行党委领导下的校长负责制，党委全面领导，校长负责学校的运行，因此，党委书记和校长之间的相互理解和配合就非常重要了。

这几年中，我曾与四位党委书记一起工作，每个人的个性和特点都不同。有的低调温和，有的张扬进取，有的只是在幕后做事情，有的则愿意大包大揽，但我们的合作都很好。曾有人问起有什么窍门，其实只要牢牢记住底线就没有那么难：你与书记间的信任是最大的事情！在中国大学体制下，书记与校长要一起做事情，如果没有信任甚至还扯皮、闹矛盾，你有再大的本事也没用，所以我要求自己做好两点：第一是要肯花时间和书记多沟通，每周都要定期会面，沟通思想，讨论一周事务，有话则长，无话则短，但必须见面。第二是对外一致、相互支持。书记和校长考虑问题的出发点不同，有时看法不一样，这很正常；私下沟通要开诚布公，如果你认为是原则性问题，一定要说清楚观点；任何时候都不要纠缠枝节问题；无论最后是否达成一致，对外都要一个声音，因为事情做得不合适，还有机会改，如果失去相互信任，连改的机会都没有了，下属们也会无所适从。

激发改变的愿望

上面这些还仅仅是在开始阶段需要注意的问题，要建立更广泛的信任和威望，还需要打开局面，做好工作，真正让大家感受到向上的变化。大学校长是复杂的岗位，既要引领学校发展的方向，明确价值导向，还需要做具体的操盘手，带领大家推进关键领域的改革发展。任何改变靠一己之力是不行的，要靠管理团队，靠师生员工的力量。

新到一所学校，一般要问三个问题：管理团队和教师是否有改变的愿望？是否清楚改变的方向？是否有改变的能力？不同学校的情况差别很大，但搞清楚这三个问题，改革发展的大思路就清楚了。

各个学校都会有一些人安于现状，有的多一些，有的少一些。安于现状的原因无非有两个：一个是封闭僵化，"不知有汉，无论魏晋"，因此就会安于现状、不思进取；另一个是目标定位不清或不够高，自以为是、洋洋自得，殊不知"洞中方一日，世上已千年"。激发大家改变的愿望，就是要带领大家分析存在的问题，树立起明确的发展目标。一般地说，很多常年存在的问题，大家反而会熟视无睹，习惯成自然，认为理所当然，因而新来的人更容易发现问题。但作为一个新校长，要挑明存在的问题还是需要一点勇气和技巧的。重庆大学的底子比较薄，问题也比较多，大家改变的愿望还是比较强烈的。但当把问题真的摆出来的时候，仍有一些人难以接受，所以那时候网上也出现了关于我的匿名信。浙大前些年的整体发展势头很好，学校的各方面都蒸蒸日上，大家都有很强的自豪感，存在的问题也不是观念和方向性的，而是像学科发展、队伍建设思路与方法等具体问题。这相对好办，只要有理有据地把问题说清楚就可以了。

找到改变的路径

改变的愿望是发展的基础，但在任何时候，观望的总是大多数，人们要看具体措施和实际效果。这就要考虑后三个问题：要改变什么？用什么方式改变？由谁来做？

重庆大学的问题是综合性的，既有观念和信心方面的，也有发展思路、理念和措施方面的。经过认真研究，我们提出了要加强学术队伍建设、开展学科结构调整、推进教育教学改革和大学制度建设这四项重点任务。并提出要用五年左右的时间打好基础，在重庆大学建校一百周年时，成为中国最好的大学之一。目标和任务明确了，又发现做事的人不足。例如，要加强文理科建设，缺乏高水平的学术带头人，没有人领头，学术队伍建设也就难以推进；又如，推动跨学科研究与人才培养，院系各自为政的制度构架成为严重障碍等等。因此，重庆大学面临的是典型的综合改革问题，需要综合考虑、综合施策。当时，我们积极推进学校的重点改革任务，聘请了一批学术带头人和院系领导，组建了学部，开展了跨学科研究和人才培养。同时，我们还认真设计了学校层面上的综合改革方案，并在2013年初向教育部做了试点申请的汇报。在大家的共同努力下，重庆大学的状态很快发生了很大变化，大家的心气很高，积极向上，各项工作都热火朝天地开展起来。

由于变化比较快，工作不够细致，也引起了一些不满和质疑，在网上出现了几篇攻击性的文章。由于文章中讲的事情根本不靠谱，在校内没有产生什么影响，但在社会上还是引起了广泛的议论。对我而言，这也是一个警示，不能只是低头做事情，还要加强传播工作，多与师生沟通。另外，要更多地关注师生的切身利益，要让大家都能感受到改变的成效。

用更高的目标激励大家

浙江大学的整体状况比较好，学校班子和学术队伍比较强，存在的问题也比较单一和清晰。例如，由于管理文化和学科设置不合理，学校的文科和理科的潜力并没有很好地发挥出来；学术队伍建设整体战略不十分清晰，巨大的资源并没有利用好；多校区雏形已经有了，但发展思路和目标还不清晰；另外，学校文化中还存在一定的功利主义倾向等等。因此，浙大的问题主要是发展思路和方法的问题，只要思想统一了，大家行动起来，问题很快就会得到解决。

浙大行政系统的执行力很强。例如，刚开会统一了队伍建设思路，几周后，浙大"百人计划"的方案就制定完成，并公布实施了，效率之高，令人惊讶。

到其他学校任职，可能会遇到一些出乎预料的事情，还是要做好充分思想准备。我在转任浙大校长的时候，就遇到一些校友的抵制，被认为不具资格。对于网上的一些反应，我开始并没有太在意，正忙于准备几个讲稿和材料。直到教育部担心局势变化，来电话鼓励的时候，才意识到原来已经在社会上产生了这么大的影响。但我还是有信心的，坚信一旦开始工作，相互有了真正的了解，是不会有大问题的。当然，这也督促我要认真准备入职的讲话，准备入职之后的工作计划。实际上，浙大同事们都很友好，也很支持我的工作，后来的工作也很顺利。我与浙大很多人都成了很好的朋友，直到今天，一直保持密切的联系。

在北大担任校长，对我来说是更大的考验。对北大的人和事情，我都很熟悉，进入状态、启动工作都不难。但北大是很敏感的地方，任何风吹草动都会引起社会关注。在其他学校理所当然的事情，在北大都可能成为大问题。有人开玩笑说，北大的事情要分成三类：一类是只说不做；一类是只做不说；还有一类是可以说也可以做。"只说不做"通常是社会有需求，但校内有争议的事情，先要多讲，在校内传播理念，大家形成共识之后，再实质性推动。"只做不说"则一般是比较前瞻性的事情，校内有共识，但社会可能不理解，先要行动起来，见到效果之后，大家就会有更广泛的共识。最后一种是比较正常的事情。虽然大家只是当作笑话来说，但这也反映出在北大做事情的艰难。

回北大工作也是要从头开始。北大的发展基础已经很好，各项制度基本建立起来了，队伍的状况也比较好。但仍然要梳理存在的问题，明确目标任务，树立危机意识，引导大家不断前进。北大要真正成为一所伟大的学校，一定要为国家和民族培养出更多能够引领未来的人，要产生更多能够推动国家发展和人类进步的新思想、前沿科学和未来技术，这是我们的核心使命。为实现学校的使命和任务，学校确定了综合改革的五项任务：队伍建设和人事制度改革、教育教学改革、学科结构调整、治理体系改革和资源配置体系改革。这样就把未来一个时期北大发展的基本思路确定下来了。当然，每一项改革都是一个系统工程，都要动员各方力量一起推进。尽管仍然有很多困难和挑战，但从总体看，北大的发展势头是很好的，基本上了轨道。

从到重庆大学任校长至今，已经七个年头了。这期间，我与三个学校的同事一起工作，建立了友谊。我很怀念那些共同经历过的困难和喜悦，所有这些都让我心存感念、受益终生。

3

做校长还是当校长

与一般的机构很不一样，大学通常都有较长的历史传承和独特的精神文化，这使在大学工作的所有人都背负了天然的责任，希望能够为学校的辉煌尽我们这一代的力量。校长更是如此。校长不是太平官，是事业和责任。当走上校长这条路的时候，就背负起了学校发展和青年人成长的重任。这篇短文是我刚刚担任重庆大学校长时，为《光明日报》写的稿子，代表了当时的心境。

213

"做校长"是一个事业

南加州大学的前校长史蒂文·桑普尔是一位很伟大的校长，曾经带领两所大学——纽约州立大学法布罗分校和南加州大学走向辉煌。多年前我去南加州大学访问时，曾拜会过他，他的一位同事后来转给我一本他写的书——《卓越领导的思维方式》。这是一本必读的好书，深邃的哲理和思想被他用平实流畅的语言和生动的事例展现出来。书中讲过这样一个小故事：当他还是年轻教师的时候，他申请参加了专门培养未来大学领导的实习计划，因这个实习涉及未来大学发展道路的选择，同事们都很关注。和一位资深同事的谈话让他受益匪浅。这位同事认为，大学校长是一个很荣耀的职位，一些成功的学者希望成为大学校长是很正常的想法，但人们往往会忽略校长实际上责任重大、专业性很强。选择了这条道路，就要视之为一项事业，真正去"做校长"，而不是"当校长"。

在中文语境中，"做校长"和"当校长"似乎没有什么不同，但在英文语境中"做校长"和"当校长"的含义是明显不同的。"做校长"意味着要把校长作为一项事业和一份担当，而不是一个职位。在中国教育史上，蔡元培为维护北大办学理念而数次请辞；竺可桢以确保学术独立为前提接受任命，后又为浙大的生存发展在西迁[1]路上呕心沥血，这些都是"做校长"的典范。当然，做好校长不能仅凭满腔热血，还要有独到的办学思想，以及在复杂环境下实现这

---

[1] 1937 年"七七卢沟桥事变"，日本开始了全面侵华的战争。8 月"淞沪战役"失利，民国政府西迁陪都重庆，日本帝国主义侵略战火弥漫中华半壁河山。国立浙江大学师生在著名地理气象学家、教育家竺可桢校长率领下，怀着"教育救国，科学兴邦"理想，踏上漫漫西迁路程，历时两年多，穿越南方六省，行程 2600 公里，于 1940 年抵达贵州遵义、湄潭、永兴，坚持办学七年。

些思想和理念的艺术和能力。如果按这样的标准，真正做到"做校长"还是很不容易的。

现在，中国大学校长面临的挑战比以往更加严峻：第一，中国经济发展很快，世界变化也很快，而大学的管理体系和教育模式显然还很不适应。因此，中国大学校长不仅要使大学正常运行，还要去构建现代大学制度，推进教育教学改革。第二，中国大学当前所处社会背景也异常复杂，各种利益和冲突相互纠结，社会价值体制尚在建设、优化和发展的进程中。

很遗憾，现在还没有专门培养大学校长的学校，即使有这样的学校，也未必真能够培养出优秀的大学校长。记得一位资深党委书记讲的一句话："大学党委书记要有省委书记的政策水平、支部书记的工作态度。"美国一位校长也讲过类似话，他认为大学校长是除市长外，最困难的职位了。大学校长的确是一个很复杂的职位，既要有大局观，处理的问题又很具体。国家要求大学校长要成为政治家、教育家，但可能还不够，还得是好的学者、社会活动家、演说家。

大学校长任重而道远

大学校长最主要的责任是引领学校的发展方向。社会发展和变化一直在不断地挑战大学，今天的现实是：中国的高等教育规模已居世界第一，但千校一面和应试教育正在扼杀学生们的创造欲望和判断能力；大学精神和价值的迷失，正导致教师队伍浮躁风气的盛行和人格扭曲，不仅使学生丧失了独立精神和批评的勇气，也使大学的公信力受到伤害。作为大学校长，需要融合个人价值观、办学理念、学校资源，启迪广大师生员工勇敢地拥抱变化，使大学真正回归人才培养的教育本位。大学要首先担负起为社会输送诚信公民的职责，才能真正做好科学研究、服务社会。

大学校长是个管理职务，必须通过建立科学管理体系，提高高校的运行质量和效率。精神文化与管理制度是大学的基础。大学精神文化和大学制度是看似不同的两个范畴，但却联系密切，目的是为了营造良好的育人、学术和文化氛围。大学精神文化是制度的灵魂，也是制度建设的目的，而大学制度规定了是非底线，是维系大学精神文化的保障。当然，在一定条件下，大学的精神文化的确可以超越制度和管理而独立存在，但若没有制度的保障和维系，大学精神文化也是可以蜕变的。目前，很多大学都存在精神文化与制度间的冲突和不协调。例如，我们提倡追求真理和不怕失败的科学精神，但却在评价制度中充斥着急功近利；我们希望能够启迪学生智慧，激发他们的创造力和想象力，但却在教学管理制度中设置了很多扼杀学生主动性的限制。这种状况不改变，大学将难以担当社会重任。

大学管理构架也存在很多不合理的地方，责任权利界定含混，致使效率低下和资源浪费严重。大学战略需要建立在有效组织的架构基础上。我们的大学体系和制度还不完善，一些深层次的问题需要根本解决。校长们需要带领团队，深入分析大学内部深层次的体制问题，要根据学校的特点、国家和地方需求、学科发展趋势，制定好学校的整体发展战略。过程中要摈弃急功近利的思想和浮躁的情绪，根据学校的使命和愿景，制定切实可行的发展路径，踏踏实实地做好学科调整、学术队伍建设、大学制度建设、人才培养体系建设，为学校未来的快速发展奠定坚实的基础。

今天在大学的青年人终将成为国家和社会未来的中坚，他们的创造力决定了国家的命运，他们的修养和品德决定了民族的未来。如果将来各领域的中坚和领导主要在中国大学接受教育，虽然并不能证明我们的教育是成功的，但至少是合格的。反之，如果他们中多数人都是在国外大学接受的教育，那我们的教育是可悲的。来自于外部的压力固然是校长思维的基础和动力，但学校任何一个大的改革和决策所带来的成效都要很多年后才能显现。这也在考验着我们，如何在远见卓识与短期效应之间抉择，如何在勇于开拓与稳定祥和之间平衡。今天的中国大学校长，需要更努力地"做校长"，要有强的意志力，对得住良心，耐得住寂寞，受得了委屈，扛得住压力。

4

志
同
道
合

　　做成一个事业，人是第一位的。如果能够有一批志同道合的人，
事情就好办了。企业选人用人的自由度比较大，人不合适就可以换。
但学校的情况要复杂一些，不能这么理想化，要"人"和"事"双
管齐下。既要在做事的过程中凝聚共识，逐步使大家"志同道合"，
也要寻找"志同道合"的人，让合适的人做合适的事。

尊重与信任

无论在哪里工作，都要与人共事，同事之间的信任非常重要，有了信任才能志同道合。信任的基础是相同的价值观，当人们有着共同的理想和目标时，或者说志向相同时，就很容易建立起相互信任。如果事业发展理念和思路也一致，那就真是"志同道合"了。

我曾先后在三所大学担任过校长。一般地说，开始阶段都是比较困难的，难就难在建立起志同道合、相互信任的氛围，这需要有一个相互了解的过程。当然，学校的文化不同，产生信任的方式也有所不同。有的需要促膝谈心成为朋友，才能在工作中得到信任。有的更关注工作，希望能带领大家走上快速发展的道路；有的人喜欢得到领导的肯定；有的人更愿意直面存在问题等等。无论何种情况，作为学校的领导，做人做事一定要出于公心、不谋私利，这是最基本的价值，是必须要始终坚守的。另外，无论在哪里，尊重他人、尊重同事也是最基本的。没有尊重，就没有信任，也就不可能有志同道合了。

学会倾听

每个学校都有长处和短处，每个人都有优点和缺点，尊重他人，就是要多看别人的长处和优点，而不是总盯住别人的短处和缺点。看不到优点，就不会有发自内心的尊重。尊重他人的另一个关键是要摆正自己的位置。作为学校领导，你可能经验比别人多一些，见的比别人广一些，但每个人看问题都有自己独特的视角，虚心学习、认真倾听，会增加你的阅历、增长你的见识。

倾听是一门很深的学问，也是一种处事的方式，很多情况下，听要比说更有力量。我们应当记住，交谈的首要目的是建立信任，这比推销自己或自己的学校要重要得多。在与一些国外大学校长见面的时候，我常常会主动问他们一两个问题，让他们来讲，我来听，这既可以了解别的学校的做法，也会更快建立信任。倾听并不是被动地、漠视地听别人讲话，而要有恰当的交流互动。与下属或同事谈话，更要注意方法。一般地说，他们都会做些准备，想更多介绍一些工作进展和想法。尽管有些你已经知道了，但仍然要耐心。如果想要表达你的看法，问一两个问题要比打断他们的讲话更有效。有些时候，你不同意对方的一些观点，又必须表达清楚你的态度，一定要听完他们的讲述，再表明你的看法。认真地倾听，而不是武断地排斥，尽管看法不同，也不会伤害相互信任。还要记住，事情一次没讲透，可以下次讲，但失去了信任就很难挽回了。

用愿景凝聚人心

学校的未来愿景是感动和凝聚大家的最有力武器。但是，读书人有一个特点，说话做事喜欢精准，一些学校在描述办学目标时，把高水平、有世界影响力、中国特色、国际化等很多因素都罗列在一起，生怕漏掉什么。实际上，把什么都说到，相当于什么都没说，其结果是各学校办学目标的描述都一样，既没有结合学校实际，也没有了特色，更没人知道学校将来会是什么样子。

学校愿景至少应当包含两个要素。首先，要根据学校特点提出办学目标，既要符合学校实际，也要鼓舞人心，而且还要提纲挈领、言简意赅、朗朗上口，让大家记得住。其次，学校中的每个人都应当从中找到自己的定位，知道自己的努力方向。在重庆大学，我们把"成为中国最好的大学之一"作为学校的目标，这实际上包含了世界影响力、中国特色、国际化和办学水平等各种因素。为实现这一目标，学校的教学、科研、队伍、管理、服务、校园等各项工作都要追求最佳，每个人也都要努力追求完美。北大的目标是创建世界一流大学，这很笼统，远不如要成为一所世界最好的大学，或要成为一所伟大的大学更能激励人。我们还需要对学校的发展理念做进一步的阐述，使大家能够把自己摆进去，找准自己的定位和努力方向。

人是最重要的

宏伟的愿景可以激励和凝聚人心，但实现目标还是需要聚集一大批既志同道合，又有远见卓识的优秀人才。实际上，学校的学科发展战略以及战略的实施都是由学者承担的，因此，办学的关键是找到合适的人。

重庆大学的文科是比较薄弱的，如何以较高的起点组建人文社会科学，是一个让我困惑很久的问题。我的学科背景是理科，对人文社会科学领域并不熟悉。因此，我们聘请了张旭东等几位著名学者，共商重庆大学文科发展大计。他们提出了组建高等人文社科研究院，以新机制聘任一批优秀的青年学者，先形成小气候，再逐步组建和充实院系。在他们的带领下，重庆大学的人文社会科学发展很快，一批青年学者很快成长起来。在整个过程中，我并没有掩盖自己的弱点，也不回避可能遇到的困难。对于志同道合的人来说，他们知道你的难处，会更愿意提供帮助。

即使对同事或下属而言，了解你的弱点也会增强他们的责任感，更好地担负起学校交给的任务。掩藏自己弱点和短板的做法显然会动摇相互信任的基础，会使优秀的人远离你而去。在重庆大学工作期间，我们还聘请了吴云东教授担任文理学部主任，他是一位有情怀、聚人气的优秀学者。在他的带领下，文理学部聘任了几位优秀的学院领导，学科调整和队伍建设都很快步入良性发展的轨道。工学部主任刘庆教授也是一位杰出的学者，在他的主持下，工学部在建立汽车领域专业学位、推进与辛辛那提大学的COOP教育合作等方面取得了很好的进展。

做人与做事

在任何一个组织中，聚"人"与做"事"总是密不可分、相辅相成的。要聚集优秀的人，一定要有能够点燃激情的发展目标和切实可行的发展路径，而这些发展的战略常常是在与优秀学者的思想碰撞中逐步产生和成熟起来的。重庆大学地处西南，"人"是第一位的问题。有了优秀的学科带头人，就会制定出符合实际的发展思路，也会聚集更多的优秀青年人才。

北大人才济济，大家都有很多新想法、新思路，也有很强的开拓能力，属于只要"有一点儿阳光就灿烂"的类型。因此，北大更需要明确发展的战略重点，以及坚守的价值底线，真正让大家能够志同道合。例如，我们提出"守正创新，引领未来"，希望大家坚守大学的根本使命和价值观，勇于开拓创新，始终站在时代的最前列。我们提出要培养"能够引领未来的人"，这不仅要求为学生提供最好的教育，也隐含引领世界高等教育发展方向的含义。我们提出要产生影响国家发展和人类进步的"新思想、前沿科学和未来技术"，是希望引起大家的思考，分清楚学校的核心使命和延伸任务，以集中力量和资源增强学校的核心竞争力。

志同道合是我们期望的理想状态。在大学中，每个人都很独立，看法和观点都有各自特定的视角，我们没有必要追求完全的志同道合。实际上，有一些不同的观点和看法是很正常的，对学校的健康发展也是有益的。大家在考虑问题时，都难免带有一些本单位或局部利益的色彩，这是很正常的。我们都做过助手和下属，有时为了获得上级领导对某些工作的首肯，也会做一些"设计"。记得我在北大担任负责学术事务的常务副校长时，发现学校的公共教室缺口很大，几次向学校主要领导汇报，都没有得到重视和回应。于是我们就设了一个"局"，在上午课间的时候，请他们去检查教学情况。当时正值上下课人流的高峰，教学楼的走廊里挤满了上下课的学生，几乎水泄不通、寸步难行。有了这次切身感受之后，新教学楼的建设很快就被批准了，这就是现在的第二教学楼。这个"局"是善意的，是为了改善学生的学习环境和成长体验。

我们在工作中也常常会出现以偏概全的毛病。例如，当我们去基层检查工作，或上级主管部门来学校检查工作时，通常都是针对某一方面的工作，接触的是特定的人群，听到的也是局部的意见，可能会造成"只见树木，不见森林"以偏概全的情况。如果没有全面了解情况就下结论、发指示，就会出现偏差。如果做了教学检查，就要求增加教学的投入，做了学生工作检查，就要求增加学生工作投入，就会忘记学校的人才培养是一个整体，只有综合施策才能解决根本问题。当然，这些都还是工作中可能出现的问题，只要我们在做重要决策时，多听各方面的意见和建议，集中大家的智慧，避免偏听偏信，就能够很快改善。学校中的确也还有一些人，价值观出了问题，缺乏基本的诚信和责任，为了个人利益不惜损害学校整体利益。还有一些人缺乏基本的担当精神，不求进取，不愿意对工作目标负责，且无所作为、疑神疑鬼、推脱责任。这样的人在学校里是极个别的，虽然有时也会掀起一些涟漪，但我们也不必太过在意。

策
略
的
选
择

世界的变化越来越快，大学的教育模式和学术研究领域也必须随之而改变，只有这样才能始终保持处于学科发展的最前沿。从这个意义上讲，学科布局决定了一所大学的未来。大学必须站在未来，认真审视现在的学科布局，既要补齐短板，使现有的特色学科充分发挥潜力，也要做好前瞻布局，为未来做好准备。

在"双一流"建设规划中，北大提出要在 2035 年左右进入世界一流大学前列。这并不是一件容易的事情，意味着我们需要实现从学习到超越、从跟踪到引领的转变，意味着要站在未来，做好前瞻性学科布局，也意味着要改革管理模式，使资源配置更加合理、更有效率。我们要反思学校的办学理念、教育模式和发展思路，总结过去的经验和教训，明确学校发展的阶段性目标，确立合适的发展策略。

战略目标与策略选择

清华大学曾以工科为主。80 年代初，清华就确立了建设综合性大学的目标。他们的发展策略很明确，集中力量建设文科、理科和医学。应当说，清华是近年来从工科大学向综合大学转型最为成功的学校。这当然得益于学校崇高的声誉、无可替代的地位和雄厚的资源，但更重要的是，他们较早地选择了明智的和符合学校实际的发展策略。

从 20 世纪 90 年代初开始，北大开展了院系调整。除了数学、化学等系变成学院之外，还组建了如光华管理、国际关系、新闻传播、政府等新学院。当时还计划组建人文学院、环境学院等。学校当时的战略也很明确，希望通过院系结构调整，促进学科交叉，拓展新的发展领域，增强学校的整体学术竞争力。总体上看，这一轮院系调整使北大的学科格局更加合理，社会科学的应用领域成效比较明显，形成了很多新的增长点，使学校的整体实力进一步提升。但这轮调整主要是学校内部的学科和人员调整，除建立了一些新的社会科学院系外，理科和人文等学科的整体格局并没有改变。

以交叉学科为重点

进入 21 世纪，国家实施"985 工程"，教育更加开放，竞争也愈加激烈。选择何种策略才能尽快地提升北大的整体学术竞争力，是我们必须要面对和解决的重大问题。经过认真研讨和思考，当时形成了几点判断。首先，北大的状况不同于清华。我们在文理医方面的基础是比较好的，院系的学科格局已经形成，而发展传统工科显然不是明智的做法，因此，新的增长点应当是前沿和交叉学科。其次，现有院系的改造和调整是一件困难和长期的任务。北大院系的学科基础好，教学体系和运行比较完善，这是优势，但院系学科是有很强保守性的，已有的利益格局固化，不利于新学科、新领域的产生和发展，历史遗留的矛盾和隔阂的化解并非一日之功。我们面临的问题是：从发展策略上，是继续把主要精力放在院系调整上，还是跳出来，把重点放在发展新的前沿和交叉学科上。答案是显而易见的。

基于这些判断，在"985 工程"二期中，学校调整了发展策略。提出"以队伍建设为核心，以交叉学科为重点，以体制机制创新为动力"的学科建设方针，把主要精力放在引进顶尖学者上，通过组建新体制的跨学科研究机构，在某些前沿和跨学科领域形成较好的环境和氛围，提升学术竞争力。与此同时，将院系发展的重点放在队伍建设和公共基础条件建设上，不再进行大规模的院系结构调整。

跨学科研究机构

分子医学研究所（IMM）是第一个这样做的独立研究机构。因为是第一个，建设过程非常艰难、颇费周折，前前后后谈了近一年。

我特别感谢顾孝诚老师，她曾担任生物系主任，对北大感情很深，对生命学科见解独到。尽管早已退休，但她把分子医学研究所当作自己的孩子，精心呵护，做了很多细致的联系和协调，没有她的努力，也就没有分子医学研究所。当然，更要感谢肖瑞平和程和平两位教授的努力和奉献。在分子医学研究所的建设过程中，学校总结出了较为完善的新机构建设和运行规程，预算管理、人员聘用和晋升等方面的体制机制都基本形成，为后来类似机构的建设奠定了制度基础。

随后几年里，学校组建或完善了数学中心、纳米中心、工学院、科维理天文研究所、理论生物学中心、动态生物成像中心、麦可恩神经研究所、化学基因组学研究中心、社会调查中心、古典学中心、量子材料研究中心等一批新的教学和科研机构；组建了前沿与交叉学科研究院，理顺了交叉学科的发展和运行机制；建立了先进技术研究院，完善了应用研究与国防研究体系。这些机构的建立，形成了一些规模不大、但氛围很好的小环境，聚集了一批世界级的学者和优秀的青年人才。

从整体看，新组建的跨学科研究中心都比较成功，由于体制机制比较合理，各中心都充满活力，发展势头也比较好。更重要的是，这些中心的建立，提高了学校的学术品位和学术标准，起到了很好的示范作用。与此同时，学校建立了专门引进优秀青年学者的"百人计划"，支持院系引进优秀人才，并通过公共平台建设，改善院系的学术研究条件。这些措施也调动了院系积极性，使很多院系都充满活力，教学、科研和学科建设都取得了长足的发展。现在回过头来看，这一策略产生的很多实际成效，也是当时始料未及的。

迂回发展的策略

相对于清华的发展策略，我们采取的是迂回策略。院系是学校的主体，学校的发展最终还是要依赖于院系，这一点毋庸置疑。但在学科建设的策略上，要根据学校实际，做出战略选择。学科建设的战略选择并非一成不变，而是要审时度势。在一段时间内，可能某些方面是重点，时过境迁，可能又要选择另一些方面作为重点了。

学校在 90 年代初把重点放在院系调整上，是非常重要的，也是正确的选择。正是这次院系结构调整，使北大的学科结构更加合理和完整，为后续的进一步发展奠定了基础。进入 21 世纪，我们面对的是传统非常强大的院系，再进行自上而下的院系学科调整是很困难的，成本会非常高，效果也不会好。通过建设前沿和交叉学科机构，营造好的制度小环境，提升学术品位，示范和带动观念的转变，利用队伍建设和平台建设的有关政策，调动院系内在活力，形成了自下而上的改革动力，使院系也取得了很好的发展。

应当说，北大过去十多年所做的战略选择是正确和合理的，但由于体制和资源限制，也有一些缺憾，需要认真总结。例如，医学是未来最具发展潜力的领域，我们医学的基础很好，文理工的基础也比较雄厚，如果两者能更紧密结合，北大的整体学术发展和人才培养都会更加丰富多彩、活力四射。在"985 工程"三期规划中，学校也把与临床医学的合作作为重点之一，编制了专门预算，用于临床医学与其他学科的深度合作。但受机制和观念制约，学校在计划的执行上并不坚决，效果并不十分明显。另外，北大一直是人文社会学科的重镇，经过多年积淀，学科的基础厚实，整体实力处于中国顶尖水平。但平心而论，我们的人文社会科学发展并不理想。

一方面，中国社会经济快速发展提出了很多重大思想理论问题，这些问题需要多学科合作，也呼唤新时代的思想家和理论学家。另一方面，即使从狭义的学术发展角度看，我们国家的人文社会科学还是比较落后的，还鲜有针对中国实际的前瞻的和深刻的理论成就。

学科结构的调整

进入二十一世纪的十多年来，北大发生了深刻的变化，在教育教学、队伍建设、学科发展、学术研究、治理体系等方面都取得了巨大成就。从学校发展角度看，学术队伍建设始终都是最核心的。要实现进入世界一流大学前列的战略目标，我们必须建立世界最好的学术队伍。吸引世界最优秀的人才，一定要有良好的环境和最具吸引力的学术发展条件。我们将继续坚持以交叉学科为重点的方针，通过建立更好的跨学科合作机制，为学者建立更好的学术发展条件。

要进入世界一流大学的前列，既要有重点突破，也要全面梳理学校的教育教学、学科布局、基础条件和体制机制。我们应当用五年左右的时间，基本完成学校综合改革任务，为学校的进一步快速发展奠定更加坚实的基础。学科布局调整涉及面比较宽，是一项复杂而艰巨的任务，其中，有几项重点任务必须优先规划和完成。

第一，院系是学校的主体，承担了主要的教学和科研任务。学校可持续发展的重要前提是激活院系。最近，学校将"以院系建设为基础"纳入学科建设方针，这意味着要进一步加强院系的学科和结构的调整力度，提升整体学术竞争力。

第二，医学是北大的优势，也是未来最具发展潜力的领域。近年来，生物医学和数据科学发展很快，未来的医学教育和研究将会更加智能、更加精准、更加跨学科。北大医学的发展应当着眼于未来。一方面，应当改革传统医学教育体系，更多地引入现代生物医学和数据科学的最新进展。另一方面，要更加注重学科之间的合作，努力提升北大医学的学术研究水平，为其他学科的发展提供新的机遇和新的增长点。

第三，人文社会科学是北大的特色，也是国家软实力的基础。北大的人文社科一定要更加关注中国、关注世界。我们要以区域与国别研究为切入点，推动北大人文与社会科学的学科调整，建立起中国视角的人文社会科学体系。

第四，数据科学、智能科学等新兴领域最近的发展很快。尽管我们在这些领域的基础比较好，但学科布局和院系结构并不十分合理，制约了学术潜力的发挥。学校要建立起优先发展信息科学的战略思维，从未来学科发展趋势和国家重大需求出发，以信息学科为中心，做好相关学科的发展战略布局，调动各方积极性，使北大的信息学科尽快进入世界一流前列。

6

做主动的助手

　　有些人很聪明，总是想把一辈子的事情事先规划好。实际上，这既不大可能，也没有必要。人生是有很多难以预知的变数的。始终拥有感恩的心，甘心付出、不求回报，安心做好眼前的事情，才是对未来最好的准备。相反，瞻前顾后、想入非非，甚至不惜投机钻营，就会乱了心态和方寸，到头来，只会害人害己。

我这一代人的经历是很特别的。"文化大革命"时期上小学，教育回潮时期上中学，没有接受过系统的基础教育。"上山下乡"之后，以为会在农场待一辈子，没想到还能赶上恢复高考，走上了学术和管理的道路。有过这种经历的人习惯了随遇而安，追随自己的良知，安心做好当下的事情，不去操心那些不能左右的东西。但这个世界似乎总是想给那些安于现状的人找些麻烦，让你去做一些自己认为并不擅长的事情，逼着你去学习新的东西。

被迫上岗

读大学期间，北大的政治氛围非常活跃，同学一些参加竞选学生干部，一些参加各种学生社团。我一直是老老实实的学生，每天宿舍、食堂、教室三点一线，从来没想过有一天去做领导。说来好笑，唯一一次有关的谈话是同当年寝室中的一位同学，他说我是个比较靠谱的人，做事情也比较靠谱，应该能做领导。对于他的话，我觉得有趣，只是一笑了之而已。在北大读博士的时候，系里希望我担任84级的级主任，由此开始了一段边做学生边做老师的经历。后来出国做了近五年的博士后。回北大后我也一直做自己的学问，学术做得不错，在国内外固体化学界也算是有了一些声誉。

1998年化学院班子要换届，当时的院长赵新生老师动员我来接任，我不肯。他讲道："化学院是我们共同的家，如果家不好、风不正，你、我、大家都不能做好学问的。"他的话打动了我，就这样我误入"歧途"，做了化学院院长。在院长任期结束前一年，我又被任命为教务长和校长助理，次年担任了副校长，随后担任常务副校长，负责学校的学术事务，在学校前后做了近十年。后来担任重庆大学校长，两年半后又被任命为浙江大学校长，2015年初再次回到北大，20 年的大学管理时光让人已经青丝成白发。

化学院是一个有着辉煌历史的机构，早期的学者如钱思亮、傅鹰、黄子卿，以及当代学者张青莲、唐有祺、徐光宪等，都是我国化学教育和研究事业的翘楚，在中国化学界享有崇高的声誉。既然答应做化学院的管理工作，我要求自己像做学问一样认真和负责。做任何的决定前，都要求自己不仅知其然，还要尽可能地了解其所以然，全力以赴、追求完美，真正把学院办好。

北大百年校庆刚过，国家启动了创建一流大学计划，当时接受的第一项任务就是岗位聘任。在"大锅饭"观念盛行的情况下，实行岗位聘任，把人们的收入分成三六九等，真不是一件容易的事情。化学院风气很好，老师们都非常支持学院的工作，岗位聘任委员会的委员们也非常公正，学院的岗位聘任工作非常平稳地完成了。随后，化学院进行了一系列改革和调整。制定了发展战略规划，推进课题组制度实施、进行课程体系调整、加强研究生课程体系建设、完善了各类委员会，使学院的学术管理更加规范。在随后十多年，化学院在连续几任班子的带领下，各项制度逐步完善，整体学术实力不断增强，逐渐成为具有良好国际影响和声誉的化学教育与研究机构。今天想来，当年既没有管理经验，也没有思想准备，真有点初生牛犊的劲头。能够做好化学院的工作，除了大家的支持和幸运以外，或许就像我那个同学曾经说的吧，我一直要求自己做个靠谱的人。

要做就主动一些

做管理工作，常常要从助手开始。我在学校担任校长助理，主要协助迟惠生常务副校长。迟校长是一位卓越的学者和教育家，对大学管理和学术发展有很强的洞察力。为了锻炼和培养青年人，迟校长不时会找一些具有挑战性的事务交给我。一天下午，迟校长把我找来，让我去恢复和组建北大的教务长系统。他当时随手画了一张图，告诉我要建立一个包括本科生、研究生、继续教育甚至中小学在内的教务长系统，统筹学校的学术事务，并建议我去担任教务长。北大曾经有教务长、秘书长和总务长体系，但在上一轮的管理制度改革中被取消了。重建这样大的教务长系统，对于一个校长助理来讲，是一件很困难的事情，也是很重的任务。在拟建的教务长系统中，很多职能部门领导的资历都比我深很多。好在大家都非常支持，教务长系统的建设和运行都很顺畅。

这段经历于我非常重要，让我从中学到了很多。例如，要做成一件事情，倾听远比自我表达更重要，协作远比个人英雄更重要，要学会不违反底线的妥协，只有这样才能最大限度地聚集共识。又如，你可以做一个循规蹈矩、唯唯诺诺的助手，但更应当做一个主动的和有创意的助手。这对后来我主管学校学术事务有很大的帮助。

领导是很重要的环境

当然，助手能否主动和有创意还取决于领导是否有心胸、有方法调动助手的积极性，放手让他们大胆工作。我担任常务副校长和教务长负责学校的学术事务期间，正是北大改革发展任务比较繁重的时期。当时学校的学科布局比较陈旧，前沿和交叉学科领域还没有成型，新的学科增长点不多。同时，学术队伍正处于新老交替阶段。由于学校体制机制仍不完善，对优秀人才吸引力也不够强。当然在教育、学校发展空间等方面也都面临不少困难和问题。记得当时许校长和闵书记找我谈话，鼓励我大胆工作，并半开玩笑地称我为首席学术执行官。

回想起来，我还是非常幸运的，校长和书记都非常支持我的工作，特别是许智宏校长，作为长者，给予我很多信任和指导，在需要的时候，总能给予全力的支持和帮助。当时我们确定了"以队伍建设为核心，以交叉学科为重点，以体制机制创新为动力"的基本方针，并一直坚持始终。经过这些年的建设，北大发生了很大变化，发展势头也非常好。一批世界顶尖学者齐聚北大，在很多前沿领域的布局优化了整体学科格局，也吸引了一大批优秀的青年才俊。体制机制建设也取得了很大进展，人事制度、研究生培养机制、交叉学科机制、院系管理等机制都已经初步形成。另外，在教育教学改革、学校运营体系等方面，也都进行了有益的探索，积累了经验。

以前长期在北大工作，对学校的风格与文化体会不深，有点不识庐山真面貌。离开之后才发现，北大的经历与文化传统，都成为我生命中深深的烙印。常常回顾在北大的工作，似乎没有什么大风大浪，也没有遇到什么大是大非，一切都是那么平常、自然、亲切。在今天的社会大环境下，面对功利，如何能保持不疾不徐的冷静！面对压力，如何能拥有不亢不卑的理性！实际上，办大学是急不得躁不得的，只要坚持自己方向，按教育规律办事，一步一个脚印，持之以恒，必有所成。如果只会被动地等待上级指示，亦步亦趋，或只是紧盯指标，患得患失，是办不好一所杰出大学的。

我一直很感恩北大，让我能够为这所伟大的学校奉献一番力量，尽管做了一些可能微不足道的事情，希望大家会认为我还是尽力了。北大是我们心中伟大的学术殿堂，一百多年来，它承载了一大批著名学者的情感和心血，蔡元培、李大钊、胡适、马寅初、季羡林等，一代代大师为这所学校罩上了一层层绚丽的光环。我希望有一天人们不仅会记住过去的北大，更为今日和明日的北大自豪。希望我们的后人不仅为我们的先人骄傲，也能为我们而骄傲。我深深地笃信并践行着北大人的守正创新、引领未来的理念。经历了"文化大革命"和"上山下乡"的这代人，没有奢望成为鸿儒和教育家，只希望能够为中华民族的伟大复兴奉献一份力量，为中国教育的振兴贡献力量。多年来，这个梦想一直伴随着我，伴随着我们这一代人，尽管我们只能是这所伟大学校的匆匆过客，但我们努力了、奉献了，我们就无愧于历史，无愧于未来。

7

矛盾是进步的阵痛

　　人们的立场和思想方法不同，对事物的感受有差异，就会出现矛盾。矛盾并不可怕，但如何看待矛盾却是至关重要的。持乐观和发展的观点，矛盾是发展的愿望和要求，改革旧体制，解决矛盾，事物就前进了一步。持悲观和静止的观点，矛盾是对变化的恐惧，维护旧体制，回避矛盾，矛盾就会激化，事物就会倒退。

中国大学经历了一段快速发展的黄金时期。从本质上看,这阶段的发展属于资源驱动,很多体制机制上的问题被掩盖起来。而这些问题不解决,是很难实现健康可持续发展的。在未来一个时期,中国的发展和转型仍将为大学提供新的资源动力,这是中国大学改革发展的关键时期。我们应当借助外在的资源动力,深化综合改革,建设更加合理的现代大学制度,真正使人们的创造潜力充分发挥出来。改革就是打破平衡,就会产生矛盾,我们应当以乐观的态度看待矛盾,把矛盾看作机遇,看作是进步的阵痛。

改革要循序渐进

当一个体系长期处于平衡状态,任何发展和进步都是困难的。打破平衡是一种发展策略。改革开放打破了计划经济和"大锅饭"的平衡,建立了市场经济体系,激发起了广大人民群众的创造潜力。

20 世纪 90 年代末,学校开始实施创建世界一流大学计划,打破传统用人观念,建立了关键岗位津贴制度,激发起了教职员工的积极性和创造性。但是,当时的教师待遇仍然很低,学术研究的基本条件比较落后,教师队伍青黄不接的状况仍然没有根本转变。为此,学校在 2004 年开始了新一轮人事制度改革。改革的初衷是引入竞争机制,建立更加合理的教师晋升机制,提高学术队伍的水准。由于对教师人事制度改革的复杂性和困难估计不足,思想和资源准备不充分,这次改革并没有取得预期的成效。

这次教师人事制度改革的教训还是很深刻的。随后几年,学校认真总结和反思经验教训,确立了循序渐进推进人事制度改革的基本方针。人事制度改革的目标是提高人才竞争力,应当分阶段逐步实施。根据北大学科类别多、院系情况差别大的实际情况，学校采用利用资源增量逐步推进的方式，在一些重要领域建立新体制研究机构，进行人事制度改革的尝试。随后，在全校范围内，对新教师实行新的聘任制度。可以说，过去十几年，北大的人事制度是在润物细无声中变化和进步的。随着新机构的建立和新人事体制的实施，原有的人事体制不断被突破，产生了一些矛盾和问题，但基本是在可控的范围内。

另辟蹊径

在"985工程"二期建设中，学校提出了"以队伍建设为核心，以交叉学科为重点，以体制机制建设为动力"的指导思想，把队伍建设与学科建设、体制机制改革紧密结合。根据学科建设的需要，学校设计了新的人事体制，先是在小范围试行，再逐步推广到全校。

分子医学研究所是北大第一个实行新人事体制的单位。这是一个以心血管疾病的分子机制为目标的新研究机构，由几位杰出学者领衔，一开始就实行了教师预聘制，为新聘的学者提供启动基金，实行年薪制。在随后的几年中，我们按类似的机制，组建了工学院、科维理研究所、数学中心、生命研究中心等一批新体制的学术机构。这些机构的教师全部实行预聘制和年薪制，教师的待遇相对比较高，当然也采用了国际通行的教师评价体系，对教师的学术要求也比较高。新的人事机制使这些机构充满了活力，很快聚集了一批优秀的学术带头人和青年学者。

新设机构的人事体制改革，既给院系树立了样板，也对院系产生了一定的压力，很多院系都提出尽快实施新的人事制度。有了上次的教训，学校还是很慎重的，决定先按照"新人新办法，老人老办法"的原则，建立专门引进青年学者的"百人计划"，各院系自愿参与，不做一刀切。"百人计划"的实施，增强了学校的人才竞争力，吸引了一大批优秀的青年学者。与此同时，新人事体制的实施，也加剧了院系之间的不均衡。一些资源比较多的院系，依靠自己的资源，实行了人事制度改革，推进年薪制和预聘制。

改革的风险管控

新人事体制的实施大大提升了学校的人才竞争力，使学术队伍建设的面貌焕然一新。但随着改革发展，一些新的矛盾逐步显露出来。由于机制和资源配置方式不同，校内各单位教师的收入差距拉大，一些优秀学者的思想和情绪出现波动。另外，人事制度改革使院系获取社会资源的压力增大，一些院系出现了严重的趋利倾向，违规办学现象时有发生，影响了学校的政治生态和学术氛围，也造成了不好的社会影响。在一段时期内，新老人事体制并存，在一些基础学科院系中，新聘青年学者待遇高于资深学者，各种矛盾交织，致使人心浮动，各种问题层出不穷。面对这种状况，学校坚持以长远利益和发展战略目标为重，采取措施加大对基础学科院系的投入力度，把矛盾控制在一定范围内，同时，着手开展教师人事制度的综合改革。

教师人事制度综合改革的主要任务是新老体制融合，目标是建立更加合理、更有竞争力、统一的人事体系，实现"近者悦，远者来"。实现这一目标不可能一蹴而就，要分阶段、有序地进行。从2014年开始，我们在全校范围内对所有新聘教师实行了预聘制，抑制了老体制人员的增长。与此同时，学校实施了"博雅人才计划"，设立了博雅讲座教授、特聘教授和青年博雅学者，稳定了优秀学者队伍。提高教师薪酬待遇，逐步缩小新老体制人员的收入差距，并且，鼓励教师通过预聘制评估进入新体制，逐步实现新老体制融合。从整体看，北大的人事制度改革采用的是渐进和平稳的方式，既保持和增强了学校的人才竞争力，也兼顾了各方利益，使所有教师都可以找到各自的发展渠道。

在解决新矛盾中前进

打破旧的平衡，会出现新的矛盾，解决新的矛盾还会再出现更新的。学校的改革发展就是一个不断打破平衡、不断解决矛盾的过程，这也是学校各项制度逐步完善和不断进步的过程。如果政策和策略得当，矛盾解决得好，事业就发展进步，否则，就会出现麻烦。在学校的改革发展中，要把握事物发展的规律，对一些可能出现的问题和矛盾，要做好预判，及早做好准备，及时化解矛盾。

北大的人事制度改革还会有很多新问题和新挑战，我们要做好充分的思想准备。首先，北大的人才引进和评价是由聘任小组负责的。这是一种行之有效的方式，对严格学术标准、确保质量和水准发挥了很好作用。新老体系并轨之后，教师评价任务会越来越重，这会对聘任小组产生很大压力。我们应当逐步推进聘任制度改革，建立更加合理、更加透明、更加可预期的教师评价体系，保证学术队伍的健康和可持续发展。第二，北大的新体制机构大多都比较好，体制机制和运行状态都很健康。但也有少数机构，设置时论证不充分，机制不健全，逐步变成个人的机构了。我们需要认真梳理各机构的发展状况，完善体制机制，并对一些机构进行必要的调整。第三，目前少数院系学科布局不合理，个别院系还存在近亲繁殖、学科重复设置等问题，要引导院系更加注重学科前沿，注重新领域拓展和布局。学术团队的规模问题也需要关注，核心团队的规模要严格控制，可以通过跨学科和跨领域合作，发挥溢出效应，增强学术竞争力。上述问题有些比较紧急，有些只是一些苗头，我们应当未雨绸缪，早关注，早准备。

　　队伍建设永远是学校发展的核心，人事制度改革也会不断持续下去。即使在大学制度体系比较成熟的发达国家，也会根据竞争的需要，调整人事政策，提高人才竞争力。对于中国大学而言，我们比较关注的还只是教师人事制度，其他系列的人事制度建设相对滞后。事实上，要真正成为世界一流大学，技术支撑、管理职员等都是至关重要的。因此，中国大学的人事制度建设仍然任重道远，需要持续不断地努力。

8

吃
亏
就
是
占
便
宜

　　一生中，我们会讲很多故事，也会听到很多故事，但很少有故事能给人留下难忘的印象，甚至影响人的价值取向。"不能撒谎""遇事先要为别人想想""吃亏就是占便宜"等等，当我们想起这些简单而充满智慧的话语时，都会联想出一段生动的人生故事。教育不能靠讲空话套话，更不能说一套做一套，以身作则、为人师表才能真正启迪智慧，才能真正释疑解惑。

小时候常常听母亲说"吃亏就是占便宜"这句非常朴素的话影响了我大半辈子。这并不是说我们要为了占便宜而吃亏，或者吃亏一定会占便宜，而是一种坦然面对的生活态度。小时候，我常常用它作为懦弱的借口，回避冲突；大一些的时候，用它作为失败的借口，减少了不少懊悔和内疚；成年后，它成为了远离名利场的借口，能使内心始终保持平和。

不要争一时的便宜

世间的事情是很奇妙的，当你真正甘愿吃亏的时候，常常会有一些意外的惊喜。中学毕业之后我在农场下乡，曾有一个到哈尔滨师范学院上学的机会。单位的领导都推荐我去，但最终因为其他原因，农场决定让另外一个人去上学。当时我很气愤，去找场长理论争辩，但没有能够改变结果。几天过后，才慢慢平静下来，接受了现实，继续做自己的事情。没料到第二年国家恢复了高考，我得以进入北大化学系学习。现在想起来，还真应当感谢当初的变故。我们都会遇到很多事情，既要努力去改变，也要勇敢地面对和接受。《尼布尔的祈祷文》中有一句话："请赐予我平静，去接受我无法改变的；给我勇气，去改变我能改变的；给我智慧，去辨别出两者的区别。"

人在一生中总会遇到很多重要的事情，需要你做出判断和抉择，这时候，隐含在你内心深处的价值观就会被唤起，而正是你内心中的价值判断，影响你的抉择。反过来，我们也是根据人们做出的判断和决定，推断他的价值观。例如，一些人做事情、做决定总是患得患失、不愿担当，其内心深处可能没有摆正个人与学校的关系；一些人总是颐指气使、独断专行，可能就没有摆正自己与学者和他人的关系。当然，人也是非常复杂的，不能也不应该根据一两件事情，就对一个人下判断，要长期观察。世间的确有一些人，见利忘义、投机钻营，甚至不惜枉法违规，在某些特定环境下，也可以得到他们想要的利益和便宜，但这些都不可能长久。

在利益面前，人们都会怦然心动，在现实生活中，正当权益与唯利是图的界限也并非泾渭分明。这既需要更完善的制度环境，也需要我们始终保持坦然的心态。记得在美国留学时，导师送一个工具箱到实验室，告诉我这是他用自己的钱买的。我问他为什么不用研究经费，他解释说，对这类在实验室和家里都用的工具，学校有很严格的报销制度和规定，比较麻烦，还不如自己买更方便，反正也不贵。他吃亏了吗？也许是，但他让人们了解了他的价值观，这是一个靠谱的人。

坚守价值观的底线

人们之间的相互影响是很大的，近朱者赤、近墨者黑。社会风气的影响更大，可以影响人们的价值判断和行为方式。腐败盛行时，人们做任何事都会觉得要行贿。上学要给老师送礼，才能让自己孩子不受欺负，看病要给大夫送礼，才相信大夫会认真看，百姓尚且如此，更不要说那些贪官了。大学本是一方净土，但是，当有些人开始拉关系钻空子时，当某些领导被阿谀奉承冲昏头脑时，当有人用自己的职权去谋取个人或小团体的利益时，大学的文化和生态就被污染和破坏了，一些原本善良的人也会跟着一步步走歪。几年前，我还在另一个学校工作，财务处长告诉我，他们发现一位教授让学生购买假发票冲账。这不仅违反了国家财务法规，而且还是一种严重的教唆行为。设想一下，他这样培养出来的学生会有什么样的价值观？会如何面对未来的人生？小到一个学校，大到一个国家，要使风气，向好发展是不易的，一般需要几十年甚至数百年，但要使风气向坏是很容易的，只要几年时间就可以完成破坏。

人的价值观是一个很有意思的东西，看不见摸不着，却随时随地在影响我们的行为。在一个法律制度比较完善、社会风气比较好的环境中，犯错成本很高，大多数人都会遵纪守法。当社会风气和法制生态不十分健全时，就会有更多的机会主义者，即使是原来规规矩矩的人，也有可能变坏。

在"文化大革命"中，很多平时关系很好的人，突然变得恶语相向，甚至穷凶极恶起来。现在也有一些人，看见其他人做不好的事情，不但没受惩罚，反而得到利益，也就开始跟着随波逐流。还有一些人，没有道德底线，一旦发现机会来了，就一拥而上，对人对事都无所不用其极，这样的人是不能让人信任的。但我们看到的更多是坚守价值的人，这些人也许并非引人瞩目，他们或和蔼可亲，或温和内敛，却坚持底线、绝不低头。他们总是能风轻云淡地面对成功得失，温和平静地面对误解和质疑，忍耐克制地面对不公甚至挑衅。他们总是抱着谦逊的态度面对成绩，说自己是幸运的，应归功于团队，但面对问题他们总是第一个站出来，承担责任，找自己的问题。这些人才是我们社会真正的脊梁和支柱。俄罗斯作家亚历山大·索尔仁尼琴曾经说过："善恶的分界线不在于国家，不在于阶级，不在于政党，而在于我们每个人的内心。"

中央的八项规定和反腐倡廉，树立了正气，警示了随波逐流的人，为社会风气和国家政治生态的建设和转变提供了很好的条件。大学是育人的场所，青年人价值观养成关系到国家和民族的未来。

每一个在大学工作的人都应当意识到，你的言行举止已经不再仅仅是自己的私事了，它会影响到下一代人的价值观。当然，这并不是说教师就不能有个人的利益和追求了，实际上，追求个人发展、保护自己的利益和希望取得成功，这些都是正常的，无可厚非。但就像古人讲的"君子爱财，取之有道"一样，要按制度和规矩做人做事，在制度和规定比较模糊的地方，宁可吃亏，也不要为了一时的便宜，丧失原则和底线。关键的抉择要有长远眼光，要关注根本问题和更长远的利益。

我们都应当记住：一个人，品格是最宝贵的财富；一所大学，文化是最宝贵的财富；一个国家，年轻人的价值观是最宝贵的财富。这也是个人、家族、民族利益的根本载体。每个教育工作者、每个成年人，都不能忽视这个根本问题。

9

挑战与变革

我刚到浙江大学任职，正赶上要参加 C9 校长年会。人们一般都是结合学校情况发言，我因还不了解情况，又不愿照本宣科，于是就写了这篇文字。人们对高等教育期望越高，批评也就越重。最近一个时期，社会对教育的批评少了，但出国读大学的人却多了，大家在用行动说话。我们如何才能满足人们的教育需求？这可能是一个永远的问题。

249

改革开放三十年，中国高等教育取得了举世瞩目的成就，但仍然面临着严峻的挑战。一方面，教育资源不均衡，整体教育质量不高，难以满足国家和社会公众的要求，而且，一些好的教学文化逐步被侵蚀，科学文化尚不完善，现代大学制度体系尚未真正建立。另一方面，经济转型、社会进步和文化发展对大学的人才培养提出了很多更高的新要求，与此同时，信息技术应用和大规模课程共享直接冲击大学传统的教育模式。中国大学面临旧账未了、新债又到的双重压力。我们应当认清形势，勇敢地迎接挑战。

变化中的大学

从传授知识、培养绅士，到发现新知、发明新技术，再到运用技术、服务社会，大学的职能经历了多次变革。

改革开放前，中国的大学主要以教学为主，少数教师从事学术研究。当时的大学形成并保持了优良的教学传统和文化，培养出一大批优秀的专业学术人才。

改革开放后，中国大学经历了从教学型向研究型大学的转变，与此同时，国家从计划经济向市场经济转型，接踵而至的教育多元化、校办企业、科研成果量化评价以及大学排名等等，原有的教学传统和教学文化被忽视、被侵蚀。学术上的急功近利、好大喜功等不良倾向，在一定程度上阻碍了良好学术文化和氛围的形成。随后的大学合并、大规模扩招、科研规模扩大、新校区建设等一系列机遇，使大学一直把主要精力放在外延拓展，而教育体系、评价体系、人事体系、大学制度等内涵建设相对滞后。

今天的社会对大学充满期待，政府、企业、社会公众等都对大学提出了不同的利益诉求。他们或期望大学发现新知识，发明新技术，推进科技成果转化，促进经济转型和产业升级，为国家和地方的福祉和发展做出更多的贡献；或期望大学为公众提供更好、更广泛的优质教育，培养有责任感的社会公民和良好素质的劳动者，期望大学维护弱者权益，促进社会公平正义；或期望大学保持传统，坚持学术独立，追求真理，培养社会精英，代表社会良知，评议和影响社会舆论，引领未来社会发展方向。

在变化中坚守

大学须在变化中坚守核心使命。纵使大学的职能经历万般演变，但根本使命始终是培养人才，要通过高水准的教学、卓越的学术研究和良好的社会服务，为国家和社会培养适应和引领未来的高素质人才。这是大学对国家和社会的最大贡献，也是学校长远声誉的基础。

大学须在变化中坚守自己基本的价值。价值是履行使命的保障，也是现代大学制度的基础。

学校的价值包含三个基本层面：首先，学校的一切工作都要以学生为本。学生是学校为社会提供的产品，学生的培养质量要接受社会的检验，学校应当调动一切资源，努力为学生提供最好的教育服务。其次，教师是学校最重要的资源，大学制度的设计、文化氛围营造的最终目的是使教师们的潜力和创造性充分发挥出来；我们的制度体系应当使每位教师都了解自己未来的发展目标与路径，应当使每位教师都能积极进取，追求卓越，以身作则，为人师表。第三，大学须坚持学术独立，形成兼容并包、宽容失败的氛围；要相信教师，并在制度上要求教师坚持真理、严谨治学、坚守诚信、代表社会良知，坚决反对急功近利、学术不端、狭隘偏激、哗众取宠等违背基本学术文化的行为。

大学须变革体制机制，建立现代大学制度。

在使命和价值上的彷徨，教学与学术文化上的偏颇，管理构架和流程上的紊乱，都会影响大学的凝聚力和战斗力，会使人们困惑不安、束缚手脚。

大学是学习和创造的场所，高度依赖个体的创造性。只有营造良好的学术文化和制度氛围，才能使学校中各个机构、各类人员的积极性和创造性充分调动起来，共同为实现学校的使命而奋斗。

改革大学内部的体制机制，建立现代大学制度是一项系统工程，迫在眉睫。它须在大学使命和价值观的指导下，明确学校的愿景，确定阶段性的战略重点目标，制定配套的综合改革计划。为提高执行力，我们还需要认真梳理管理构架和流程，明确责任、权力和资源配置方案，充分调动基层单位的主动性和创造性，使学校的有限资源得到更加有效的利用。

大学的核心资源是人力资源，学校应当建立公平、公正、激励上进的人员聘用、评价与晋升、薪酬体系，积极帮助教职员工看清自己的发展路径和努力方向。

迎接信息时代

纵观今天的中国大学教育，一方面整体水平不高，教学目标迷失，教学内容陈旧；另一方面，各学校教学水平差距很大，有些学校的基本教育条件和课程质量都难以保证。

从知识传授角度看，教师水准参差不齐，教学方法落后，不鼓励学生发展兴趣，不注重能力培养；从学生的角度看，应试教育使学生迷失方向，缺乏学习和创造的激情。

如何重塑学生的梦想和激情，是我们重要的课题。更严峻的现实是：家庭较好、能够接受较好基础教育的孩子有更大的机会进好大学、拥有好的未来。大学教育水平的巨大差距已经成为社会公平的主要障碍之一。

而当政府和大学苦苦寻觅提高公民素质和创新能力的路径时，由信息技术和教育需求引发的大规模网上共享课程（MOOCs）浪潮又冲击着学校。

显而易见，新技术降低了知识的获取成本，MOOCs的出现使大学不再是封闭的港湾，大学校园正逐渐失去独占独享已有知识的特权。一方面，MOOCs使大学之间竞争白热化，教育的成本、质量和竞争因为技术而透明，因透明而变得异常敏感。这迫使大学必须要加快教育教学改革，要更加关注学生的学习体验及其个性和特点。不把教育质量放到第一位的大学将没有未来！另一方面，MOOCs也为缩小教育差距、促进社会公平提供了难得的机遇，教育公平和自由学习从来没有像今天如此之近，大学的决策者不能也不应当孤芳自赏，应当摈弃狭隘的观念，积极推进网上课程共享，使更多的学生接受高质量的教育。与此同时，MOOCs正在冲破教育市场的壁垒，挑战传统的观念。

中国大学必须联合起来，共同拥抱机遇，积极变革，迎接挑战。

10

坚
强
与
温
情

　　2013 年 6 月是我最为忙碌而又困难的一个月。当离开重庆大学的日子越来越近的时候，我的心也越来越难以平静。在重庆大学 900 个日夜的工作，和同事朋友在科苑茶楼的长谈，仙女山上的战略规划，一幕幕不时在脑海中闪过。未竟的事业、和谐的团队、无间的朋友、虎溪校区的山水，真使我怀疑离开重大是否是一个明智的选择。为了准备这篇离职讲话，我几乎花费了一整天的功夫。我想表达对大家的眷恋和感激，想回顾两年半与大家共同取得的进展，还想表达对重庆大学未来发展的期望。在离职会上，尽管有预先准备，我还是没能忍住情感的流露，看来我还是软弱的。

255

离别之际更添伤感

正值毕业季，歌声悠扬，我也将告别重庆大学。

九百天的重庆大学生活，夜以继日、殚精竭虑。在很多人眼里，我坚强执着、不善言辞、不苟言笑，我也曾相信自己足够坚强。这坚强来自于对重庆大学责任的坚守，来自于对团队、师生的热爱，来自于对重庆大学未来的信心。但在这段即将告别的时间里，我却思绪如潮、百转千回、充满惆怅。走在下班的路上，市井喧嚣、行人如织，想到即将告别朝夕相处的团队，离开倾情投入的校园与师生，想到从此我们不再彼此拥有，放眼望去，一瞬间感到难以名状的孤独。多少次面对使命，我都选择了坚强。今天，当依恋冲击心扉，我不知道温情是否是一种软弱？

重庆大学内涵建设之路

每天上下班，我都会看到办公楼里先贤的校训："人类之文野，国家之理乱，悉以人才为其主要之因，必人才日出，然后事业日新，必事业日新，然后生机永畅，世界所以进化无疆，国家所以长存不敝，胥赖于此"；"研究学术、造就人才、佑启乡邦、振导社会"。这些校训既是昔日先贤教育救国的梦想，更是今日重庆大学的宣言：要成为中国最好大学之一！

一所优秀的大学应当是传播知识的圣地、探求真理的殿堂、引领社会风尚的旗帜。学生可以在这里陶冶情操，滋养学识，成为栋梁；教师可以在这里研究学术，探求真理，实现梦想。八十多年来，几代重大人一直在砥砺前行、追逐梦想，做出了卓越贡献。过去十多年里，重庆直辖[1]、三校合并[2]、"985 工程"[3]、新校区建设等等，每当重大机遇出现，重大人总是全力以赴、当仁不让。今天，重庆大学面临着全新的机遇和挑战：知识经济与经济全球化、科教兴国与全面建设小康社会、重庆市社会经济快速发展；要为国家培养能够"适应和驾驭未来的一代新人"；要为地方发展提供学术支撑。这都对管理者提出了更高的新要求。我们必须意识到：只有更加关注内涵建设[4]，才能从根本上提升学校的整体竞争力。这是这一代重大人应当担当起的历史责任。

实现学校的内涵发展，要求学校悉心了解学生、社会和国家需求的变化，充分认识自身的优势和不足，在此基础上，制定切实可行的发展战略。战略是基于现在去设计未来，战略的执行则是基于未来去改变现在。为了迎接未来挑战，为了拥有更美好的未来，学校现在必须做出改变。在过去的两年多时间里，我们一直在努力营造良好的文化和制度氛围，努力使每个人的潜力都能得到充分展现，真正使"近者悦，远者来"。很显然，这是一项艰巨而复杂的系统工程，需要时间，需要耐心，也需要付出巨大的努力和艰辛。我们正朝着这个方向前行：我们确定了要成为"中国最好大学之一"的愿景，将"学科调整、队伍建设、教育体系建设和制度建设"作为近期的四项重点任务，全力地推进和实施，

---

[1] 重庆直辖：1997 年 6 月 18 日，重庆直辖市政府机构正式挂牌。重庆至此在历史上第三次成为直辖市。

[2] 三校合并：2000 年 5 月，经教育部批准，原重庆大学、重庆建筑大学、重庆建筑高等专科学校合并，组建成新的重庆大学。

[3] 2001 年，重庆大学经教育部和重庆市共建成为国家"985 工程"重点建设的高校。

[4] 内涵建设：是一个综合性概念，它包括发展理念、校园文化、管理水平、专业建设、教育科研、教师素质、人才培养的质量和水平等。

努力为未来奠定更加坚实的基础；我们梳理了学校发展的战略地图，制定了学校综合改革的行动计划，并开始逐步实施学校的综合改革。

经过两年多的不懈努力，重庆大学已经在内涵建设上迈出了坚实的步伐。我们的学科调整取得进展：工科更加注重与行业和地方产业的协同；文理科院系的学科布局更加合理，高研院、创新药物中心等充满了活力与生机。我们的"人才强校"[1]战略取得成效：预聘制[2]、"百人计划"[3]和"青年学者"[4]启动制度吸引了一大批优秀人才；教师的评价和晋升体系的调整，薪酬体系改革和年度增长机制的建立，改善了教职工待遇，引导大家更加关注学生、安心教学、潜心学术；实施自主科研项目、建设公共研究平台，为教师提供更好的学术发展条件。以创新创业能力培养为特色的教育体系建设正在展开：调整培养方案，改革教学方法，致力于为学生提供更好的教育；打开校门，建立与企业行业、科研院所和国外大学的长效合作机制；提高奖助学金，改善研究生生源质量，推动专业学位研究生培养模式改革；推进现代大学制度建设，完善各类委员会，

---

[1] 人才强校：以科学发展观为指导，以人为本，大力实施"人才强校"战略。努力营造汇聚并能使高水平人才脱颖而出的工作环境和学术氛围。建立和完善师资队伍合理配置的有效机制，以科技创新团队建设和高水平教学团队建设为重点，努力建设一支规模适当、素质优良、结构合理、充满活力的师资人才队伍。

[2] 预聘制：通过"非进即退"的体制机制保证科研人员养成良好的学术习惯，尊重学术科学精神，持续长期地产出具有学术高度和深度的原创性研究。

[3] 百人计划：重庆大学"百人计划"借鉴海外高校 tenure track 聘用模式和国际评价水准，从国内外引进 40 岁以下、有海外研修经历或博士后经历，已在相关学术领域崭露头角，具有学术发展潜力和学术领军人物潜质的青年优秀人才。

[4] 青年学者：重庆大学"青年学者"面向对象为品行端正，身体健康，具有良好教师素质和学术发展潜力，年龄一般不超过 35 周岁。

使学校的决策更加民主，流程更加合理；建立学部，明确责权，使资源和权力向责任主体转移；改革学院和职能部门的评价体系，引导内涵建设，提升绩效水平。与此同时，学校继续拓展资源，改善办学环境；校友会和基金会体系更加完善，社会合作和拓展资源的能力进一步提升；国际合作更加活跃，一批重要国际合作项目正在实施；校园建设取得进展，以人为本、尊重历史、人与自然和谐、低碳等校园建设理念已成共识。可以说，我们已经走上了一条更加注重内涵的可持续发展道路。内涵建设是中国高等教育的一场深刻变革，涉及体制机制，触及灵魂，是一条艰辛的路。重庆人都知道，容易走的路都是下坡路，向上的路都要爬坡上坎，成功的路一定布满荆棘。

祝福重庆大学

我们一起努力和探索的日子还那么历历在目，转瞬就到了分别的路口。如果早知道今天别离，就不会只忙碌于工作，也许我们可以花些时间，一起欣赏虎溪美丽的晚霞，一起享受重庆大学草地的芬芳，一起聆听民主湖的雨声，一起欣赏学霸雁的神奇。感谢重庆大学的师生员工们，你们的信任和亲情是支撑我面对困难和压力的力量！即使不能天长地久，但能为你们工作是我最大的幸福。我会永远怀念在重庆大学的经历，相信并期待着重庆大学拥有更美好的明天！

第五章 言与行

大学管理者是特殊的职业人士，既要理解学者和学术，又要通晓现代管理的理念和方法。

从这个意义上讲，中国大学的管理将会面临一次深刻变革。管理者的学术背景对大学管理的影响将会减弱，一批真正的职业的大学管理者将会走上历史舞台。

① 只问是非，不计利害

　　一朋友讲起《西游记》的故事，一路听来，众多神仙妖怪都神通广大、武艺高强。遂问道：神仙与妖怪有什么区别？朋友答：一念之间。尽管很多神仙妖怪出身相似，但念善成仙，念恶成妖。人何尝不是如此，人皆有善念和恶念，坚守价值、道德和人性底线，无论本事如何，皆能成仁。相反，放纵自己、随波逐流，甚至助纣为虐，就只能成为小人或恶人了。

我们的祖先一直遵循的"仁、义、礼、智、信"，影响了中国几千年。社会主义核心价值观"爱国、敬业、诚信、友善"，则更是结合了现代的元素，引导人们向上向善。无论是中国道德传统，还是社会主义核心价值观，都是从正面阐述人们应当遵守的基本价值。然而，在一定情况下，人们也可以从"负面"阐述价值，也就是要明确说明哪些事情是不应该做的。日前，听一位负责金融工作的领导讲的几句话，很有感触。他说大家都应牢牢记住："借钱是要还的""投资是要承担风险的""做坏事是要遭报应的"。这些基本常识，人们在做生意的时候还是会忘记。他这样以"负面"的方式阐释诚信和友善的价值观，更能给人以震撼。

善与恶只是一念之间

一次出差，在飞机上看了一部电影《汉娜·阿伦特》。阿伦特是原籍德国的犹太人，被认为是 20 世纪世界上最伟大、最具原创性的思想家和政治理论家之一。电影是以审判参与屠杀犹太人的纳粹军官阿道夫·艾希曼的故事展开的。艾希曼并不是一个天生的恶魔，也有家庭和孩子，也有人性的一面，他在纳粹统治时期，负责挑选送到集中营的犹太人。在法庭上，他认为自己只是在执行命令，尽自己的职责。阿伦特则对艾希曼现象的人性基础和意识形态根源进行深入剖析。对个人来说，他好像只是执行了上级的命令，做了职责分内的事情；而作为一个群体，仇恨的蛊惑、职责的困惑、人性的淡漠，加上命令和氛围，很容易使人丧失对周围世界的现实感觉，丧失健全和正当的道德判断，集体犯下不可饶恕的罪恶。罪恶就是这样在"平庸的尽责"中发生了。因此，阿伦特把这种现象称之为"平庸的恶"。实际上，除了纳粹德国令人发指的暴行，在世界近代史上还有其他类似的灭绝人性事件。日本帝国主义在南京对三十万手无寸铁平民的大屠杀、土耳其军队对亚美尼亚人的屠杀，以及今天的宗教极端主义势力的恐怖行为、非洲一些国家的种族屠杀等等，这些违背基本人性和道德底线的反人类行为都有类似的人性根源和基础。

阿伦特并没有仅仅停留在对纳粹思想根源的剖析上，还对犹太组织领导者们的行为提出了直言不讳的批评。在大屠杀中，犹太人组织的领导者承担着组织和维持犹太人秩序的工作，尽管是被迫的，阿伦特认为这与纳粹士兵的思想根源没有什么两样，也是一种"平庸的恶"。她认为犹太人的"无根基性""无政治性"是这种现象的文化根源。她的这些看法在全球犹太社会中引起了轩然大波，一些多年的朋友也因此离她而去。阿伦特对人性的深刻反思精神令人震撼。实际上，这种"平庸和淡漠"源于人们对自身"利害"的算计和对现实的逃避，当整个社会都被蛊惑起来，形成强大的风潮的时候，"从众"显然是一种暂时看来最为"无害"和安全的选择。这个时候，人们似乎都丧失了独立的思考，都变得麻木不仁、顺从无力，尽管他们可能也预感到这种不幸最终也可能会落到自己身上。

"文化大革命"开始的时候，我只有11岁，还在上小学，生活在只有几百户人家的小农场里。父亲算是当地的领导干部，也受到冲击。在批斗会上，随着人们亢奋起来，一些过去与父亲关系很好的同事也变得恶语相向，甚至动手动脚、拳打脚踢，就好像面对的是一个素不相识、罪大恶极的人一样，多年的情谊都在眼前的冲动中消失得无影无踪了。这种人性的扭曲也影响了当时的孩子们。我们班上有一位女同学，用带有毛主席像的报纸擦桌子，这在当时是被认为不合适的。老师让她站在台前，让同学们揭发批判。一些同学还学着大人的做法，让她站在课桌上接受批判。我今天还能记得几个调皮的同学幸灾乐祸地摇晃着书桌，和女同学惊恐万分的样子。记忆中的恐惧、无助、自责深深地印在我的心里，永远都难以抹去。

从明辨是非开始

"是非"与"利害"的博弈每时每刻都发生在人们的心中。当我们做出某项决定和判断的时候，都会经历这样的博弈。这也是人们的价值观与生存、利益、欲望等基本需求之间的博弈。在日常生活和工作中，这种"是非"与"利害"的博弈反映在人们的言谈举止和判断决定上。在通常情况下，这些判断并不那么重要，人们也不会在意。只有细心的观察者，特别是受过心理学训练的人才能辨别出来。但在重大的历史性场合，能否坚守是非观和价值观，不被生存、利益、欲望等"利害"所左右，就变得非常重要了，因为如果不能坚守，就很容易让人滑向阿伦特讲的"平庸的恶"。浙江大学的老校长竺可桢先生经历了国土沦丧的战争，看过人性道德的风雨飘摇，对此有很深的体会，因而才提出大学一定要"只问是非，不计利害"。这当然是一种理想和愿望，但作为捍卫人类文明、发现知识和探求真理的殿堂，大学理应坚守价值底线、引领社会风气。但现实并非如此简单。在人们的生存或利益受到威胁的特殊时期，人们都会权衡，都可能做出有违内心价值的选择，这也就是人们讲的"精致的利己主义"。阿伦特的老师海德格尔，曾是她最挚爱和尊敬的思想家、哲学家和教育家，在纳粹德国猖獗的时候，公开宣誓支持希特勒的民族主义，这使阿伦特的心灵受到了巨大的创伤。

阿伦特对人性的分析代表了人类勇敢的反思精神。很多国家或民族在历史上也发生过违背人性的事件，只有勇敢地面对、深刻地反思，才能牢牢记住教训，不再犯类似的错误。英国在 13 世纪曾发生针对犹太人的剪钱指控，很多犹太人被杀、被囚禁，他们的财产也都被没收。现在的伦敦塔立有一块石碑，记述了当时发生的事情，目的是要永远记住历史上这悲惨的一幕。二战之后，西德总理勃兰特访问波兰，到华沙犹太隔离区起义纪念碑敬献花圈，他缓缓地走上石阶，面对象征千百万无辜死难者的雕像纪念碑，突然下跪，向被纳粹德国杀害的死难者默哀。这个举动表达了他对历史悲剧的深深忏悔，给人强烈、恒久的震撼。前事不忘，后事之师，我们无法改变历史，但一定要牢记历史的教训。

实际上，要求所有人不堕入"平庸的恶"也是不可能的。判断是非曲直原本并不难，只要问问自己的良心就可以了。但作为一个普通人，有事业、家庭、同事和朋友等个人的利益诉求，当人们被蛊惑起来的时候，当不随波逐流会受到伤害的时候，任何个人都是很难抵挡的。不过即使不能扭转，也应当去做一些力所能及的事情，至少不要同流合污、助纣为虐。我在重庆大学工作期间，唱红很热，市委要求学校组织万人唱红大会。我喜欢老歌曲，但不喜欢这种运动。既然无法改变，只好避开，请假出差做捐赠活动去了。当时还有一些奇奇怪怪的事情，例如，要求组建管乐仪仗团、参加市里的红歌大游行、要求在校园安装几万个监测探头等等。这都是些匪夷所思的事情，在当时的环境下，坚守价值底线还是需要一些策略的。

价值观教育靠学校，更靠社会

价值观是人们判断是非的基础，是人类文明的结晶，既有历史的积淀和传承，也有理性的思考和对未来的憧憬。中国的价值观体系是很成熟的，几千年来，很多传统和观念经过一代代思想家的总结提炼，逐步沉积和传承下来，成为我们的基本价值观念，这些都是经过历史考验的，深深地印在人们的心中。中华文化传统价值观念并不局限在中国，还遍及整个东亚地区，以人为本的"仁"、家庭和家族的"孝"、报效国家的"忠"，以及中庸、忠义、利他和诚信的传统观念，都成为人们遵循的价值准则。

相比较而言，西方的价值观体系是伴随工业革命和挣脱封建依附建立起来的，更基于理性和理想的色彩，比较强调个人自由和个人权利绝对性。东西方价值的差异性自然会影响人们的一些行为和判断，但这些差异并非根本性的，实际上，对于现代社会的很多基本问题，东西方的价值判断是大同小异的。社会主义核心价值观既包括了人类的价值理想，也体现了中国传统文化价值的特点，是我们应当坚持和遵循的。人类价值观的这种共性和差异性是世界文明发展的自然结果，是符合中国哲学中"和而不同"的看法的。

价值观教育对人的成长至关重要。习总书记在北大的讲话中，特别提出要加强社会主义核心价值观教育。"富强、民主、文明、和谐"的社会主义现代化强国，既是中国近代以来几代人的共同理想与追求，也是几千年国人心中的理想国。中国历史上有很多可歌可泣的故事，也有不少惨痛的教训，如土地革命、抗日战争、解放战争以及清末的甲午战争、宋末的崖门海战等等，都可以用来加强人们对国家的认同，使学生有志于成为社会主义的合格建设者和可靠接班人。"自由、平等、公正、法治"是人类对美好社会的共同理想，也是中国社会建设的基本内涵。我们正处于社会主义的初级阶段，还有很多不合理、不公正的现象，要让学生深入实际，了解社会存在的问题，帮助社会中的弱者，使学生树立起社会责任感和使命感，共同建设美好社会。

如果说国家和社会层面的价值追求，更多是从现代国家和社会发展的价值角度考虑的，"爱国、敬业、诚信、友善"则更多源自中华传统文化，是我们每个人都应当遵循的价值观，也是形成良好社会风尚的基础。价值观教育不应当只是空洞的说教，不应当只停留在口头上，而应当通过生动、具体的实际例子，使学生真正理解社会主义核心价值观的历史形成过程和丰富的内涵，要使学生能够分清善与恶、是与非、美与丑。在中国的历史上，有很多非常有教育意义的故事，例如，"曹植七步诗"讲的是要珍惜兄弟情谊，"杯弓蛇影"讲的是疑神疑鬼、自相惊扰，"岳母刺字"讲的是精忠报国等等。不久前，我读了犹太经典书籍《塔木德》中的一些故事，这是一代代犹太智者撰写的。故事取材于生活，短小精炼、发人深省，从正反两个方面告诉人们哪些事情应当做，哪些事情不能做，很生动，也很通俗易懂。我们也应当组织一些人，从历史和当代的日常生活中，编写一些这样的故事，帮助年轻一代树立起正确的世界观、人生观和价值观。

价值观教育的重要内容之一是建立社会道德的基本底线，这些底线应当是神圣的，不可触犯的，这既需要教育界的努力，更需要全社会的共同努力。树立起良好的社会风尚，使违背社会公德的事情人人喊打、无处遁形，使年轻人逐步形成对人性的尊重和对善恶的分辨能力。党的十八大之后，党中央的反腐倡廉工作之所以很有成效，就是从人们身边的小腐败抓起，先是出台了"八项规定"，对这些看似小的事情，紧抓不放，严肃处理。这种紧抓小事情的"钉钉子"精神，让大家看到了中央肃整风气的决心，起到了很好的震慑作用。这些经验是很值得我们在价值观教育中借鉴和学习的。很多是非不分、善恶不分的现象都源于过度的功利主义和个人主义。功利之心过重的人常常是机会主义者，一遇机会个人主义就膨胀起来，一味追逐个人利益，败坏了社会风气，对这样的人和事要坚决制止。

2

醒得早，起得晚

　　北大的人常常调侃自己"醒得早，起得晚"。北大人比较敏感，也很有远见，能够较早发现事物发展的规律和趋势。但常常是议论来、议论去，没人做决策，即使最终有了决定，执行起来也是慢条斯理、不紧不慢。到头来，其他学校闻风而动，北大还是四平八稳。当然，这也不都是缺点，议论多，想得就细，做起来就少走弯路，推倒重来的事情在北大是很少遇到的。

有一次与浙大负责人事的副校长谈工作，说起提升学校人才竞争力的问题，我提出建立一个从选人、谈条件到具体落实的人才引进体系的想法，这位副校长认为很好、很有启发。两个星期之后，他告诉我，浙大的"百人计划"方案已经制定好，并且已经发布实施了。这着实让我吃了一惊，真没想到可以有这样的办事效率。当然，也暗暗嘱咐自己，今后说话要小心，如果说得不靠谱，被认真执行了，那还是很尴尬的。回到北大工作，好像又转换到了另一种工作模式了。一些事情大会讲、小会说，大家都很赞成，也很兴奋，但讲过之后就泥牛入海，没有声息了。

学术思维方式

中国大学的教师管理已实行预聘制，预聘考核不合格要离开学校。但我们的管理和服务体系仍是官本位体制，专业化程度比较低。在很多情况下，即使关键岗位人员不合适，也很难进行岗位转换和调整，这对大学的管理体系的效率是有很大影响的。管理的专业化程度低，学术思维方式就会带到管理工作当中。

中国大学的管理文化是很不一样的。理科背景强的学校较真儿，凡事都要刨根问底，找出逻辑和规律，喜欢求新求异、别出心裁，但目标性不那么强，也缺乏紧迫感。工科背景强的学校目标性很强，常常是直奔主题，也注重过程，责任义务分明，执行力非常强，但常常对目标任务的合理性和讨论关注不够，因而常出现"翻烧饼"的情况。文科背景强的学校想像力很丰富，但常常是天马行空、泛泛而谈，文科的人也喜欢批评、提意见，但常常是否定的多、建设性的少，也不关心是否执行。当然，这些看法不一定准确，可能有些偏颇，但在管理者专业化程度不高的情况下，学科背景的影响是不容忽视的。

我自己是理科背景的学者，感觉学术背景对工作方式是有影响的。如对学校的发展理念和战略想得比较多也比较透，也常常会有一些新的想法，但对战略实施过程关注比较少，很少严格制定阶段性目标、完成的时限，对最终结果也很少检查。实际上，北大的管理受文科思维影响更大。人们有很好的想像力，讨论起来海阔天空、异想天开，因而做的任何决策都要经得住批判、质疑和争辩，但对于决策的实施和效果，关心的人就不多了。

重庆大学和浙江大学都是工科背景很强的学校，尽管都在加强文理科，但管理层的工科思维是比较强的。这两所学校的管理效率都比较高，教职员工有很强的团队意识，听从指挥，崇尚实干，很少有议而不决的现象。作为受文理科熏陶比较重的人，在工科背景比较强的学校担任校长是很惬意的。只要把大方向把握好，明确发展战略和实施责任，不用操心执行力的问题。助手们都受过严格的工科训练，目标意识很强，执行上更有一套标准化、程序化的办法，每件事情都会做得很扎实很快。

各有千秋

过去一些年，中国大学的发展都很快。但相对而言，以工科为主的大学发展更快一些，综合性大学则略逊一筹，工科学校比较集权和执行力比较强应当是其中很重要的因素。但是，这些工科管理思维的优点，有时也会变成缺点。一般地说，工程管理思维会紧紧盯住某些看得见摸得着的近期目标,这很容易使人忘记大学更长远、更根本的任务和使命。实际上，大学是一个很复杂的体系，教师、学者、管理人员、学生，大家的诉求千差万别，要保持持续稳定发展，还需要营造良好的学术氛围，调动起大家的积极性和创造性。另外，过度集权、对重大问题缺乏慎重的研讨，也容易出现决策上的偏差，因此，推倒重来、"翻烧饼"现象常常出现在工科为主的学校，也就不足为奇了。

如果单纯比较文理与工科的管理思维，还真有点像龟兔赛跑。文理科的管理思维就像乌龟，任凭风吹雨打、电闪雷鸣，它就是不受干扰，沿着既定方向闲庭信步，一点点向前爬行。而工科的管理思维更像是兔子，发令枪一响，马上起跑，冲在最前面，但在疾速奔跑的路上，它要不时地停下来，向旁边的小动物打探方向，最后还是迷了路，来来回回浪费了不少时间。比赛到了最后，乌龟和兔子几乎同时到达终点，殊途同归，皆大欢喜。当然，实际情况并非这么简单和具有戏剧性，我倒是希望两种思维方式能够相互借鉴，这样中国大学的发展就会更好更快一些了，但这可能需要大学管理更加专业化和职业化。

学术背景和思维方式对学校管理会有一定影响，但并非一定是决定性的。实际上，有不少文理科背景的领导，管理很有章法，调度运筹帷幄，用人选才也很准确周到。即使同是文理科，不同学科的学术思维方式也是有很大差别的。学法律的注重程序正义，学人文的关注历史天命，学数学的注重逻辑严密等等，这些都为学校管理带来丰富多样的文化元素。工科为主的学校也是如此。有很多工科背景的管理者，人文素养非常好，有强烈的家国情怀和大局意识，学校的长远目标和近期任务都很清晰，学校管理得井井有条。

大学管理的职业化进程

改革开放三十多年来，中国的社会经济发展很快。经过市场上的严酷拼杀和淘汰，产生了一批优秀的企业和企业家。中国的政府和官员也一样，经过了观念转变、培训学习和不断吸收新鲜血液，政府的效率和官员的素质总体也是很好的。中国大学和管理者的进步和成长也很快。但实事求是地讲，管理状况比较好的主要还是少数顶尖的学校，总体差距还是很大的。

大学管理与政府、企业很不一样。大学不像企业随时都面临着生死存亡的竞争，没有竞争力的企业和企业家很快就会被淘汰出局，也不像政府部门要绝对听从上级的指令和导向，不符合要求的官员会很快被调转或下岗。大学是一个相对独立的系统，既要保持自己的学术独立性，也要接受政府的评价和社会公众的评判，既是独立成本核算的运营机构，也要接受政府的管理和指导。大学管理者的选拔也有其特殊程序，既要被大学中各个群体所接受，也要得到政府和社会公众的认可。过去相当一段时期，政府对大学管理的干预比较多，特别是地方政府主管的学校，很多行政权力和学术权利都是由政府管控的，学校自主运作的空间很小。这导致大学习惯听从政府的指令，一些大学的管理者也不知道如何管理大学了。大学和政府双方都在互相抱怨，政府认为大学的管理水平差，他们希望向大学放权，但一放就乱；大学也抱怨政府管得太多，一管就死。大学管理者与其他行业的管理者一样，是一个专业化程度很高的职业。一个好的大学管理者需要学习、需要实践、需要磨练，需要经历过成功和失败，才能成长，才能进步。最近，中央决定要进一步简政放权，给予大学更大的自主管理权限，这对大学的管理者将会是一个考验。

中国大学过去几十年的快速发展，多少带有资源拉动或规模扩张型的增长。在追赶阶段，这种策略是奏效的。但如果要超越别人，要走到世界其他大学的前面，就需要更加专业和高效的大学管理了。大学管理者是特殊的职业人士，既要理解学者和学术，又要通晓现代管理的理念和方法。从这个意义上讲，中国大学的管理将会面临一次深刻变革。管理者学术背景对大学管理的影响将会减弱，一批真正的职业的大学管理者将会走上历史舞台。

3

大学是一个大家庭

　　大学是很特别的社会组织，除了承担众多社会责任，还必须要坚守自己的核心价值，弘扬精神文化，才能凝聚人心，实现大学的使命和任务。大学像是一个大家庭，家庭成员殚精竭虑，倾心学术研究，精心培育着一代代新人，努力创造出一代又一代的辉煌。家庭成员也各司其职，精心守护着大学的精神传统，维护着学校的声誉，努力保持着不竭的活力。

在现代社会中，知识的作用越来越大，人们对大学也越来越关注。各种排名用一些指标来定义大学，政府也利用指标来评价大学，这些社会评价把大学搞糊涂了。实际上，大学仍然是一个培养人的机构，是使年轻人发现自我、增长知识、树立价值观的地方。学校担负的其他社会责任，都是为青年人的成长服务的。坚守大学这个根本价值，就能营造更好的环境，也就能办好大学了。

大学是复杂的体系

从任何角度看，现代大学都是复杂和多样的。从社会责任看，大学要培养人才、研究学术、服务国家、弘扬文化。从构成看，大学中教师、学生、工作人员以及组织的利益诉求也很不一样。教师关注自己的学术发展，这是他们的立身之本；学生希望得到更好的学习和成长体验，为未来做好身心和知识的准备；院系认为自己的学科发展最重要，希望有更多学术成就，得到更多资源和支持。学术声誉和社会声誉是学校的基础，而毕业生是大学声誉最重要的来源，因此，学校总是把人才培养作为自己的核心使命。

大学的教育和学术研究都是创造性劳动。创造性劳动是一种自激励性质的活动，只有在没有束缚的情况下，人的创造性才能最大限度地发挥出来，我们应当努力营造宽松自由的学术氛围，使学者能够安心学术、静心教学。大学提供给学生的不仅是知识，更应当是一段师生共同探索未知的旅程，学生要在创造中成长，在错误和失败中变得更加坚强。大学应当是师生员工们的家，这里有包容有关爱，有规则也有惩戒。大学是充满理性和平等的学术殿堂，无论是教师、学生，还是校长、院长，没有高低贵贱，不论学派亲疏，大家都能够心平气和地争论学术，探讨问题。

大学管理是复杂和民主的。我们不能像对待产业工人那样对待教师，定量和计件只会导致平庸和庸俗，只能在原本高雅的思想产品上涂一层铜臭。大学要为教师提供体面的生活和保障，不能让他们为五斗米折腰。大学的学术管理必须摈弃官僚和行政化，因为官僚体制可以要求教师必须教书，但无法要求他们充满热情；可以要求教师必须研究学术，但无法改变他们的学术兴趣。大学要建立起"教授治学"的学术管理体系，让教师责任和荣誉成为追求学术卓越的内在动力。大学必须建立良好的制度环境和政治生态，营造和谐共赢的氛围，坚决杜绝急功近利、损人利己、勾心斗角、弄虚作假的不良行为现象。

大学教育也是多样化的。大学最重要的职能是培养人，最重要的产品是学生。我们面对的是活生生的青年人，他们的特点、背景、思想千差万别。大学教育应当是个性化的，我们应当营造良好的环境和氛围，提供更多更好的培养方案，调动学生的主观能动性，充分发掘他们的内在潜力。大学应当是一个百花园，青年学生是一粒粒种子，我们选种育种，精心养护，提供充足的养料、水分和阳光，他们就会按自己的意愿，生根、发芽、开花、结果，成长为各式各样的花草树木，成为国家的栋梁之才。

大学是一个大家庭

从某种意义上看，大学更像是一个大家庭。家族总是希望一代更比一代好，光宗耀祖。大学的核心使命是培养人才、创造新知，也承担着造福社会和传承人类文明的重要职责。教师会像父母那样，毫无保留地把自己的全部知识和经验传授给学生，希望学生比自己更出色、更有成就。在老师面前，学生也是最不设防的，总是把自己最柔弱的部分表露出来，希望得到老师的指点和帮助。人们常讲"一日为师，终生为父"，师生情感一点都不逊于父母儿女之间的感情。大学中的同学犹如兄弟姐妹，共同的学习和生活经历、切磋争论，甚至面红耳赤，都会成为永远的记忆。大学同学的情谊是最质朴无邪的，无论是在庙堂之上，还是平淡日常，纵使将来相距千里，也可以相互感应，这都是因为大学的精神基因和血脉，把大家永远地联系在一起。

家族兴衰，德行为要，大学发展，也必须坚持自己的精神传统和核心价值。"只问是非，不计利害"，学术为先、追求卓越、以学生成长为根本，这些都是大学永恒的价值追求。大学不能为蝇头小利抛弃学术的独立与尊严，或奉承迎合，或声色俱厉，或放任自流。我们不能容忍急功近利，更不能让尔虞我诈玷污青年人的心灵。我们有责任守护真理和纯真的梦想，有责任代表社会良知、维护社会核心价值。只有把人们的个人理想与社会核心价值完美结合，大学才能实现国家民族的永续发展，才能为人类的文明进步做出贡献。

大学应当是一个和谐的家庭。学生是大学基因的传承者，也是学校最重要的成就和声誉来源。企业的产品只能实现一次市场价值，而大学的毕业生随着时间推移，对社会贡献会越来越大，对学校声誉的回馈也越来越大。我们应当更加关注学生成长，像父母关注孩子一样，把改善学生的学习和生活体验作为头等大事。教师是学校的主体，学校应当营造良好的制度和文化氛围，鼓励合作开展前沿和开创性的研究。现在，一些学校的晋升和考评制度，把院系和个人的薪酬奖励与业绩挂钩，并不能真正促进教学科研水准的提升，反而助长了浮躁和急功近利的风气，造成学校内部失衡和恶性竞争，伤害学校的长远发展和利益，是不可取的。

因循守旧、不思进取为家族衰败之因。大学应当是一个开放、宽容和和谐的大家庭，是创造新知识、产生新思想的学术殿堂。大学要弘扬批判和开放的精神，摈弃封闭僵化的心态，广纳各方贤良，不能总觉得自己培养的人最听话、最好用。近亲繁殖会使家族衰败，这是世人皆知的道理，对大学也同样适用，近亲繁殖只会使大学僵化衰败。我们的确有一些学校，取得一点成绩就沾沾自喜，不了解世界变化，不关心社会需求，一叶障目，坐井观天，闭门造车。今天的大学，必须有更加开放的心态，根据学科发展趋势和社会需求，调整学科方向，推进教育改革，广揽天下人才。我们的教育和科技主管部门，也应当解放思想，改变思维方式和管理模式，把握住国家利益的底线，放权问责，真正让大学担负起自己的职责。

古人云："道德传家，十代以上，耕读传家次之，诗书传家又次之，富贵传家，不过三代。"世上难有长盛不衰的家族，但的确有不少千百年历史的大学。仔细观察这些长盛不衰的大学，都是以道德传家、守正创新为根本的。任世间风云变幻，它们始终坚持追求真理、追求卓越，始终坚持学术至上，坚持代表社会良知。中国现代大学的历史不长，只有百十余年，但经历了风雨，形成了各自的精神文化传统。在中华民族振兴崛起的今天，中国大学秉承传统，坚持核心价值，勇于革新，不断进取，就一定能够为国家发展做出贡献，也一定能够建设成为世界一流大学。

4

说与做

在学校里做事情和外面很不同，凡事都要把道理讲清楚。因此，在学校做事情，宁可慢一些，也要多花时间沟通。道理说清楚了，大家都会理解和支持了。但有些情况下，从不同角度看，道理是不一样的，结果是"公说公有理，婆说婆有理"，纠缠不清。但学校的事情总还是要做的，于是就有了尊重差异、试点先行、少说多做、借力而为等不同的工作方式。

在北大担任校长助理不久，一位老领导就告诫我：在北大做事情有三种方式，一是只说不做，二是只做不说，三是也说也做。一些对学校发展很重要，但大家一时还难以接受的事情，要多说、多宣传，先不要急着做；一些对学校发展很关键，非做不可的事情，即使不能取得共识，可以先局部试点做起来，不用到处去讲，做好了大家自然会接受；对于那些重要又显而易见的事情，就可以大张旗鼓地说和做了。北大人喜欢评论，凡事都要刨根问底问为什么，有时也会在一些枝节上争论不休，因此，老领导的告诫意味深长。

人事制度改革

很多人可能还记得 2004 年北大的人事制度改革[1]，当时引起了很大的社会反响，后来还有一些著作专门记载和论述这次改革的成败得失。实事求是地说，那次改革的出发点和方向是对的，但由于策略和方法上没有把握好，引起校内很大反弹，一些最初的设想也没有完全落实到位。我当时是改革的积极倡导者，作为改革领导小组成员，参与了全过程。现在回顾这件事情，不是要再论是非曲直，而是要从中汲取一些经验和教训。

"985 工程"实施后，学校实行了岗位聘任和津贴制度，设立

---

[1] 2004 年 4 月 6 日，北京大学正式实施《北京大学教师聘任和职务制度改革方案》，向国内外招聘 95 名教授。改革的具体要求有以下几点：（1）教员实行"聘任和分级流动制"。打破教师的终身制，除给予教授和部分副教授终身教职外，其他的教师实行聘用和晋升制度。（2）实行学科末位淘汰制。提出了"为切实加强学科建设和队伍建设，提高办学效益和学校的整体竞争力，学校将定期对教学科研单位进行评估，对优势学科，学校将予重点扶植；对教学和科研业绩不佳的单位，学校将采取限期整改、重组和解散等措施"。（3）招聘和竞争中引入外部竞争机制，原则上不直接从院系应届毕业生中招聘新教员。（4）对教员实行分类管理。（5）招聘和晋升中引入"教授会评议制"。

了关键岗位，改变了"大锅饭"的思想观念，调动了教职员工的积极性和创造性。但是，当时的教师人事制度仍有很多问题，能进不能出、能上不能下等问题依然存在，教师队伍质量参差不齐，整体水准不高，学校的整体人才竞争力也不强。当时的改革氛围是比较好的。创建一流大学计划实施之后，大家对世界各国的大学有了更多的了解，国内各学校之间竞争加剧，全校上下充满紧迫感，改革诉求强烈。

当时设定的改革任务大概有几方面：一是教师改革晋升和评价体系，限定教师晋升的次数，实施"非升即走"，增强竞争意识，打破能进不能出的僵局；二是人事管理重心下移，明确各单位的岗位和编制，提升院系管理水准。总体看，大家对改革方向、任务和目标都是赞同的，争论比较激烈的是实施策略，特别是如何实施"非升即走"。一些人认为应当采取"新人新办法，老人老办法"的方式，也就是说仅在新聘人员中实施"非升即走"，通过渐进方式，逐步改善教师队伍的状况。由于争持不下，最后的文件版本只对"非升即走"的政策做了说明，刻意回避了"新老"问题。实际上，由于大家的思想认识并不完全一致，很多改革措施后来都没有真正落实，"非升即走"也只有个别院系在新聘人员中实施了。

回顾这次改革过程，有很多值得我们深刻反思的地方。首先是时机的选择和把握。当时学校新一届领导班子刚刚建立，大家的经验不足，选择这个时机进行较大规模的人事制度改革，思想上和策略上的准备都不足。人事制度是学校基础性制度，涉及每个教师的切身利益，对于如此重大的改革任务，理应做好充分的准备和调研，特别应当关注细节，认真分析利益相关方的诉求，做好实际测算和后续影响的评估。同时，还应当做好整体规划，选择好突破口，制定分布实施方案，尽可能减小改革阻力，平稳和逐步去实现改革目标。第二是工作的组织和协调不利。实际上，凡是改革总会触及部分人的利益，特别当改革进入深水区的时候更是如此，有争议有反弹并不奇怪。但作为改革的主导者，应当虚心倾听，让各种不同意见充分表达出来。同时，要组织和协调相关的职能部门和院系，把改革措施落实到位。第三是外界的干扰太大。北大的任何事情，社会都会比较关注，校友也会比较关注，常常是事情还没有开始，就已经满城风雨了。因此，我们应该少说多做，把握好对外传播的尺度和节奏，追求的境界应当是在不知不觉中实现改革目标，而不是搞得满城风雨。

这次人事制度改革没有达到最初的设想，也留下了一些后遗症，在相当一段时间，大家都不愿再提人事制度改革的事情。但是，这次改革形成的一些共识，也为学校后续发展奠定了基础。事实上，只要目标明确，措施得当，改革还是可以平稳实施的。特别是对那些影响面比较大的改革，不能急于求成，更好的方式应当是先调机制，开始时小步实施，使各方的利益得失相当，随着改革深入，再逐步加大力度，最终实现预定目标。

尊重差异

实际上，在随后的几年中，学校在学科调整、教师人事制度建设和研究生培养机制改革等方面，开展了很多卓有成效的改革工作。由于采取了比较慎重和符合实际的措施，工作都比较平稳。

在学科调整方面，我们没有去触动已有院系的利益，而是在一些跨学科领域建立研究中心。在新设机构中，学校进行新的人事体制的试点，实行教师预聘制、年薪制，并建立了新聘人员的启动经费制度。这些制度的实施，大大增强了学校的人才竞争力，聚集了一批世界顶尖学者和有潜力的青年学者，使北大的数学、生物医学、物理与天文学、工程科学和定量社会科学等方面取得了长足发展。在教师人事制度改革方面，在新建机构预聘制的试点取得经验之后，学校适时推出了"青年百人计划"，用新机制聘任有潜力的优秀青年学者。直到 2014 年，也就是上次改革的十年之后，学校才开始在全校范围内对所有新聘人员实行预聘制和年薪制。至此，上次改革提出的"非升即走"的想法，在新聘人员中全面实施。2016 年，学校开始了新老人事体制融合，从 2018 年开始，所有教师都将按新体制进行评价和晋升。我相信，经过几年的过渡，北大将形成一个统一的、更有竞争力的教师人事制度，真正使"近者悦，远者来"。

在学校的改革发展中，一定要充分尊重学科差异，避免简单粗放。"凡事一刀切"既不能取得成效，也会伤害院系的积极性。北大的研究生培养机制改革开展得比较早，21 世纪初就开始实施助研、助教和助管。受财力限制，当时的资助额度比较低。在随后几年里，学校逐步加大资助力度，同时要求指导教师从科研经费中列支部分助研津贴。为保证改革顺利实施，我们为基础文科院系的博士生提供全额奖学金，与此同时，划出一定比例的研究生指标支持需求强烈、经费较为充足的学者。这项措施既兼顾文科院系的特殊要求，也使学校的研究生的分布逐步趋于合理。

在北大很多改革中，我们都采取了兼顾院系特点、充分尊重差异的做法。例如，十几年前，理工科院系就普遍实施了所有教师都具有指导博士生资格的做法。考虑到院系和学科差异，学校允许院系保留博士生导师资格认定权限。直到最近，学校才做出所有新聘教师都具有指导博士生资格的规定，统一了博士生导师遴选政策。当然，这种较为和缓的改革方式，会使学校的改革步骤慢一些，要求我们有足够的耐心和定力，既始终坚持改革方向，又兼顾各方的接受程度，这还真要有持之以恒、水滴石穿的精神才行。

借力而为

现在，我们正在推进学校的综合改革，改革发展的任务比较繁重，更需要考虑周全，把工作做细做扎实。北大综合改革分人才培养、人事制度、治理体系、学术体系和资源配置体系五个方面，每个方面都是牵一发动全身，需要集全校之力才能进行。尽管这是一次全面和综合性的改革，但不能面面俱到，眉毛胡子一把抓，要把重点放在影响学校发展的瓶颈问题上，找到机制体制障碍和关键节点，充分利用资源配置调整，用"四两拨千斤"的手法，调动院系和教师的积极性，推动各项改革工作顺利进行。

本科教育的最大瓶颈是教师的教学积极性问题。学校过去曾采取过很多措施，但始终未能调整好教学与科研的关系。在研讨中，大家仔细分析了教师、院系和学校在基本利益诉求上的异同，认识到，学术发展是教师的最重要也是最基本的利益诉求，学校应当创造更好的条件，支持教师的个人学术发展。我们还认识到，学校对于教师的掌控能力是比较弱的，我们不能完全靠行政措施调动教师的教学积极性。教师的评价主体是院系，只有把院系的教学工作与院系的生存发展紧密联系在一起，让院系真正认识到人才培养的重要性，才能更好地调动教师。

学校实行了允许学生在学部内自由转专业、在全校范围内自由选课、压缩专业必修的核心课程等措施，并提出将来的人、财、物资源要与院系人才培养状况挂钩。这些措施调动了院系和教师的积极性，促使他们更加关注学生，更加关注教学。当然，激发教师教学工作内在动力只是教育改革的第一步，培养方案、教学内容、教学方法和教学管理体制改革的任务仍然十分艰巨，不仅涉及院系和教师切身利益，更涉及教育观念等深层次的问题，仍然需要积极稳妥实施和落实。

5

坦诚直面问题

　　学校出现问题甚至危机都是很正常的事情，但以什么态度应对，就是学校价值导向的问题了。一些人怕事，遇到问题躲着走，不能坦诚面对，结果问题越来越多，也越来越大。如果直面问题，勇担责任，很多问题都是可以化解在萌芽状态的。事实上，问题和危机也是改进工作的机遇，抓住机会，完善制度，再遇到类似问题就有了标准解决方案，学校也就进步了。

几年前，发生过一件对社会影响很大的事情：一个学校的几位学者的论文被发现造假。事情被揭露出来之后，由于涉及的人比较多，担心影响声誉，这所学校没有在第一时间站出来旗帜鲜明地表明立场，使得事件持续发酵，演变成对学校甚至对中国学术诚信体系的质疑，造成了很大的国际影响。当我们的工作出现失误时，坚持价值底线，以坦诚的心态直面问题是非常重要的，困难越大，越艰难，越要勇敢地坦诚面对。遮遮掩掩、文过饰非，或想以某种方式拖延掩盖是行不通的，只会使问题越来越复杂，把事情越搞越大。

重塑大学的公信力

　　实际上，过去几十年中国大学发展和进步很快。国民的受教育程度大大提升，我们在一些领域的学术研究也进入了国际前沿，国际影响力也越来越大。很多国际同行都对中国高等教育的进步感到惊讶和赞叹。在快速发展的表象之下，我们应当保持清醒的头脑，反思自己的弱点和不足，不断改进，才能真正成为世人敬仰的一流大学。从现在的情况看，中国大学当前最大的挑战是人才培养和校风学风。当然，还有很多其他问题，但这两者应当是最大的短板。

　　中国的发展非常特别，短短几十年里，人们经历的变化相当于其他国家的几代人所经历的。社会快速变化冲击了传统观念和人们的道德基础，而新的观念和思想体系还来不及建立，这种状况容易使人困惑，也使一些不良风气找到了蔓延的土壤。实际上，这些都是社会变化和进步过程中的自然现象，也是新社会观念形成中的阵痛。大学虽是一方精神净土，但也难免受社会不良风气的侵蚀。近些年，社会上的贪污腐败、以权谋私、急功近利、浮躁媚上等不良现象也在大学出现了。另外，有辱师德、有辱斯文的现象也时有发生。这些不良风气虽然只是个别现象，但出现在大学这块人们心中的圣土上，伤害了社会公众的情感，也影响了大学的社会公信力。

重塑大学的社会公信力是一个艰苦和长期的过程。首先，应当扎牢制度的笼子。我们的制度要体现学校的价值导向，要向社会和师生员工申明学校的底线，明确哪些事情应当做，哪些事情不能做。我们一直通过道德楷模传播价值观，而对制度的导向作用关注不够。人们赞扬楷模，为楷模的精神所感动，这的确给予人们高尚的价值追求，但制度是价值导向的保障，当大家都能够自觉用制度规范自己的言行，校风学风自然就会好转。在很多情况下，我们并非没有制度，而是没有严格执行，这会使一些人心怀侥幸，视制度为无物，而这种心理会像瘟疫一样，快速在社会中传播，形成不良风气。过去，我们也常讲反腐倡廉，制定了很多制度，也要求各级都建立责任制，但由于执行不够坚决，特别是遇到重大问题时，不能坦诚直面问题，使腐败风气愈演愈烈。近年来，中央从规范身边小事做起，从申明底线做起，真管真抓，持之以恒，使整个社会的风气大为改观。

以坦诚面对问题

我们每天都会遇到各种各样的问题，也难免在工作中犯错，以坦诚的心态，勇敢地面对问题，是解决问题最简单、也是唯一正确的办法。大学是知识阶层聚集的地方，大家对是非曲直还是有明确的判断的。但如果制度底线界定不清，人们就会在一些制度的灰色区域放松要求，就容易出问题。作为领导或同事，我们要以坦诚的心态，及时提醒，避免酿成更大的失误。特别在选人、用人和干部选拔方面，要树立正气，态度鲜明，要让大家感受到，学校鼓励和关注那些认真做好自己本职工作的人，而不能发出模棱两可的信息。

我们常会遇到一些棘手的问题。曾有一位很出色的年轻学者，为人做事都很好，因为违反了师德有关规定，学校必须做出处理。这是一件很让人痛心的事情。因事关学校声誉，也关乎教师的个人前途，学校既要慎重，又必须坚决。学校一方面申明态度，另一方面进行详细调查并制定处理方案。学校为此还组建了主要由教师组成的教师纪律委员会，制定了教师职业操守和行为规范的文件。通过这件事情，学校进一步明确了教师行为规范，建立了较为完善的制度和处理程序，如果今后再遇到类似问题，就有标准的处理程序和办法了。

我们有一些校办企业，由于疏于监管，内部管理比较混乱。虽然学校很早就发现了一些迹象，但因情况复杂，又关乎学校的社会声誉，没有坦诚面对和及时处理，使公司的状况持续恶化，公司受损严重，一些人还走上犯罪道路。这个教训是非常深刻的。最近，国家建立了责任追究机制，对责任人采取更严厉的责任追究，目的就是防止不负责任、滥用权力和谋取私利的行为，这更要求我们无论遇到什么困难，都要坦诚地直面问题。当然，只要做工作，失误总是难免的，我们发现问题、纠正错误，目的是为了把工作做得更好。对于工作中的失误，要分清性质、尊重事实，实事求是地调查和处理。既要纠正错误，也要爱护和保护干部群众的积极性。

北大比较敏感，社会公众也十分关注学校发生的事情，其他学校很小的事情，在北大就可能是一场危机。最近在研究生考试中，试题出现了错误，引起媒体的关注。研究生院及时发布信息，承认工作失误，并承诺给出合理解决方案，化解了可能引发的危机。遇到棘手问题不能躲着走，回避矛盾，不愿诚恳面对，只会使问题越来越大，最后就可能发展到难以收拾的境地了。

不要怕误解

担任领导工作，就难免被人误解，有时候会出现一些子虚乌有的传闻，受到无端的批评和指责。化解的最好方式，就是以坦诚心态，直面问题。人们常讲的"心底无私天地宽"是有道理的，只要不谋私利，大可不必患得患失。

在重庆大学工作期间，我们对学校的人事制度、学科和治理结构、校园规划都做了比较大的调整和改革。除了建立吸引优秀青年人才的"百人计划"，还在十多个院系展开对外招聘院长、系主任的工作，聚集了一些优秀人才。当时重庆大学的精神面貌和发展势头都非常好，全校师生员工都信心满满，埋头苦干，希望用几年时间，打好基础，实现成为中国最好大学之一的目标。但改革也触动了一些人的利益，他们没有直接提出意见和建议，而是采用匿名的方式，在网上散布一些不实的指责。网上帖子的主要观点有两方面：一是指责不顾重大的历史传统，试图用北大的方式来改造重大；二是指责在校园设施和环境改造上花费太多、太豪华。

当时很多同事对这种做法很气愤，要求从网上删除帖子。但我认为，只要我们心中无愧，不应当太在意别人说什么，清者自清，身正不怕影子斜。而且，帖子放在那里，可以使更多的人去实地了解情况。一次下班，碰到一位老先生，他告诉我，他看了学校的办公楼，认为很好，古朴大方，保留和展示了很多学校的历史遗迹，是重庆大学传统的物质化的展现。还有一些老师为此专门去看改造后的第八教学楼和食堂，参观安装好空调的学生宿舍，大家都很高兴学校的变化，赞赏学校对学生的关心和关注。当然，那些反对和质疑的声音，也反映出我们与师生沟通方面的缺陷和不足，应当更多地向师生员工介绍学校发展的思路和想法，让大家有更多的正常渠道直接向学校提出意见和建议。实际上，打破偏安一隅的封闭僵化和自娱自乐的满足，聚集各方人才，是学校发展的基础。学校如果迈不出这一步，只能走向精神的萎缩和颓废。校园是师生的家，如果学生们天天看到的是破窗烂椅，垃圾成堆，怎么能够成为有理想、有品位的人呢？大学有责任给予学生更好的学习和成长体验。

我到浙大上任也遇到了一起风波。一些校友在网上发文，反对任命，他们认为浙大校长过去一直都是由院士担任，我不具备任职资格。这些质疑在网上引起轩然大波，各种评论不断。也有一些人对网上的评论实在看不过去了，写了一些反驳的帖子。我当时的心境还是比较平和的，既然已经同意赴任，就要以坦诚的心态面对任何困难和挑战，与其花时间解释，不如踏踏实实做好自己的事情。解释和辩解当然会在一定程度上减少或消除误解，但要真正得到信任，还是要靠行动，靠今后的工作和合作的诚意。虽然有一个很不平静的开头，浙大的一年多却是我最惬意和最值得珍惜的一段时光。浙大人敬业，也很职业化，大家都专心于学校的发展和建设，很少有勾心斗角、相互拆台的事情，能够在浙大工作还是很幸福的。

人们常讲兼听则明，这是很有道理的。我们应当敞开心扉，倾听大家的意见和建议。由于在北大工作时间比较长，人也比较熟悉，过去经常有一些教师和工作人员，半路拦住我，述说他们对学校发展的一些观点和看法。这种非正式的交流，能够更好地了解大家的意见和基层的情况，也会让人感觉是大家庭中的一员，感觉到家庭的关爱和温暖。

⑥ 一方人孕育一所大学

过去几年，辗转西东，分别在三个学校担任校长。身为校长，每到一个新学校任职，总要了解学校发展的历史，调研和熟悉情况，思考发展战略。虽然任期太短、频繁调动，很多发展的设想和措施还没有落实并见到成效，但每所学校的地域文化不同，每到一地，都可以学到很多新东西，长不少见识，这也是人生难得的经历。

过去二十年，中国高等教育变化巨大，但各学校的发展并不平衡，一些进步比较快，另一些则比较慢。国家的支持、区域经济社会发展固然重要，但学校的文化、校风和人员构成等对学校的发展也有很大影响。很多学校原来的条件和环境并不是太好，由于抓住了机遇，进步很快，但也有一些学校原来基础很不错，但不求进取、无所作为，结果每况愈下。人们常说"一方水土养一方人"，对大学而言，也可以说"一方人孕育一所大学"，学校的校风和文化深受当地的民风、传统的影响，这对学校的影响还是很大的。

重庆大学的醇厚质朴

重庆民风纯朴，重庆人说话嗓门很高，直来直去，朴实无华，做事也很干净利索。城市早期源于长江航运，至今仍带有一些"码头"文化的印记。重庆邻里关系密切，生活安逸，重义轻利。由于地处西部，开放程度和发展理念比东部略慢一些，但人们的言谈举止之间，总会露出一种不羁的豪气和发自内心的自豪感，当地人常以"南人北像"自嘲。初到重庆大学，人生地不熟，但同事们的直率豪爽、热情好客，使我很快融入其中，并逐渐热爱上这所学校了。

重庆大学是一所文化底蕴非常深厚的学校，现在以工科为主。每天上班路上，走过校门，都可以看到镌刻在大门两边的校训，"耐劳苦，尚简朴，勤学业，爱国家"，透出重大人的殷切淳朴，即使今天读起来，仍可以感觉到一股乡土情深直击心田。再往前行，有一面高墙，上面刻有建校时提出的办学理念："研究学术，造就人才，佑启乡邦，振导社会。"旁边是学校筹备宣言中的一段话："人类之文野，国家之理乱，悉以人才为其主要之因。必人才日出，然后事业日新，然后生机永畅。世界所以进化无疆，国家所以长存不敝，胥赖于此。"这是近九十年前，重大创建者对办学理念和目标的阐述，观点之深邃、认识之深刻、胸怀之博大，至今仍发人深省，令人钦佩。九十年来，沧桑巨变、斗转星移，重庆大学发生了很大的变化，但其醇厚和质朴依然如初。

今天，知识经济、信息化和全球化正在彻底改变人们的生活、学习和工作方式，高等教育的变革已悄然发生，每一所大学都面临新的挑战。近年来，重庆的社会经济发展很快，重庆大学应抓住机遇，借城市直辖和长江经济带发展之天时，挟西南重镇和宜居城市之地利，秉承传统，以更开放的心态、更宽广的胸怀，破除封闭保守，广揽各方人才，就有机会不负国家、社会和先贤们的期望，重塑辉煌，成为中国最好的大学之一。

浙江大学的雷厉风行

我在浙江大学工作时间并不长，只有短短的一年零八个月，但却是一生中最美好的时光。浙江山川秀美，人杰地灵，文化底蕴深厚。浙江虽然没有北方的豪气，但严谨缜密，敬业诚实，吃苦耐劳，注重实效。浙江人的细心和敬业是出了名的，即使到乡下，你也会看到街道干干净净，一切井井有条，在北方大城市都难以见到的垃圾分类管理，浙江农村都已经全面实施了。

在浙江大学做校长是比较惬意的，大家都很敬业，踏实做事，雷厉风行，很少见藏着掖着，勾心斗角，这与浙江的乡情民风是一致的。浙大的前身是求是书院，源于甲午战争之后中国知识界的觉醒。以"求是"为校名，以"求是"为校训，彰显了浙大的先贤们追求真理、"只问是非，不计利害"的治学精神。在抗日战争的硝烟中，秉承着这种精神，浙江大学师生穿越南方六省，纵横几千公里，始终激情昂扬，刻苦学习，培养了一大批杰出人才。秉持着这种精神，在遵义湄潭办学七年，在异常艰苦的条件下，潜心学问，造福社会，创造了"东方剑桥"的奇迹。改革开放以来，浙江大学低调务实、开拓创新，一直坚持"求是"精神，发展迅速。可以毫不夸张地说，在众多的中国大学中，浙江大学是过去二十年发展最快的学校之一。

浙江以民营经济为主，城乡发展均衡，民殷财阜，乡间文化底蕴非常深厚。杭州历史悠久，优美宜居，近年以互联网为特征的新经济、新业态发展迅速，加之主办 G20 峰会，城市的国际影响力大幅提升。

浙江大学是浙江省唯一一所国家级综合大学，集"千恩万宠"于一身，聚天时地利于一体，发展条件令人羡慕，但真正成就浙江大学的还是浙大人的远见卓识和开拓创新。四校合并是一个惊世骇俗之举，虽同根同源，但毕竟分道几十年，其难度可想而知，这集中体现了浙大人的远见卓识、超凡智慧和雷厉风行的执行能力。并校之后，浙江大学抢抓机遇，建设紫金港新校区，为学校深度融合奠定基础，也大大改善了学校的工作环境和教师的生活条件。

十几年来，浙江大学锐意改革，开拓创新，推行教师人事制度改革、教育教学改革、科研体制改革，在全球范围内延揽优秀人才，始终处于高等教育改革的最前沿，学校的学术影响力和国际影响力都大幅提升。"求是"的精髓是追求真理，关注实际问题，在实践中发现问题、探求真理，这是浙江大学的鲜明特色。学校曾提出做学问要"顶天立地",讲的就是这个道理。在社会急剧变化、技术快速进步的时代,呼唤能够推动国家发展和人类进步的新思想、前沿科学和未来技术。作为一所优秀大学,一定要摈弃功利,弘扬竺可桢校长推崇的"只问是非,不计利害"的科学精神,才能培养出一大批能够引领未来的人。这可能是路甬祥校长建议把"求是"与"创新"结合在一起作为校训的原因吧。

北京大学的自由谦逊

北大是一所与众不同的学校。虽地处北方,一百多年来一直是由南方人特别是江浙人执掌,教师也是南方人居多。只是在最近一些年,由于国家基础教育水准提升,北方人逐渐多了起来。南方的细腻与北方的豪气,再加上地处京城,使北大人天生就背负上"以天下为己任"的宿命。人们比较喜欢北大的一个重要原因是其宽厚和包容。北大就像是一个大熔炉,南来北往、南腔北调,哪儿的人都有。在这里,英雄不问出身,无论来自何方,只要做得好,都会得到认可。北大给人的另一个印象是自由散漫,人们也常用"醒得早,起得晚"自嘲,因为常常是讲者慷慨激昂,听者众说纷纭,实践者却是寥寥无几。

北大人也不愿意被束缚,学术研究被看成是老师自己的领地,不容任何干涉,其他学校常用的定量化绩效考核,在北大却被嗤之以鼻。北大人崇尚学术、重义轻利,做起事情来踏实认真,有时也过分地较真认理,显得憨厚愚钝、质朴谦逊,这与外界对北大的印象大相径庭。北大人说话总是留有余地,能做到十分,最多讲七分,忽悠人的行为在北大是不受待见的。曾有人讲过一个经历,十多年前,一位市委书记来访,希望与北大合作开发催化剂。化学院一位老师在这个领域工作多年，很有造诣和研究基础。市委书记求政绩心切，希望尽快见效。会谈中，这位老师详细介绍其中原委，告知还需要解决几个问题才能保证成功。随后书记到另一所学校访问，看到的是另一番景象，大包大揽、信誓旦旦，当然也正合书记心意，于是立即签约。但由于另一所学校没有任何研究基础，项目最终不了了之。

选拔院长、系主任曾经是北大一件困难的事情，老师更愿意把精力放在自己的学术上，对那些出头露面和为他人服务的事情兴趣不大。当然，在北大做领导的确也是一件比较难的事情，行政命令往往行不通，要靠沟通和引导。例如，如果校长要想做一件事情，千万不要简单地下命令，否则，大家都会来挑毛病。一个办法是把想法传递给院系或学者，让他们把自己的想法提出来，校长在一旁大加赞赏就可以了。北大的这种文化可能更适合分权管理的模式（decentralize）。给院系明确的目标任务和资源配置，并给予充分授权，发挥院系的主动性和积极性，管理重心下移和合理配置资源是北大综合改革的方向。

办学一定要遵循规律，不同的学校有着不同的文化和传统，办学规律和工作方式也会有很大差别。一般地说，工程思维比较强的学校擅长逻辑和细节，执行力都较强。因此，学校应当要特别注意把握方向，遇到重大决策，应当鼓励大家跳出原有的思路和格局，从不同的角度去思考和判断。因为一旦方向确定了，实施和执行都会很快，如果方向不对，就会出现不断"翻烧饼"的事情。

北大是一所文科思维比较强的学校，凡事都要问个究竟，常常会花很多时间，讨论事情原委和内在规律。一旦问题讨论清楚，达成共识，很多人就以为事情到此为止了，马放南山，刀枪入库，至于如何实施，那不关我的事情了。这种思维习惯应当改变，我们应更加关注实施细节，凡事都应明确责任和时限，定期检查，否则只是空谈一场。北大的社会关注度也比较高，任何一件小事情没处理好，都会掀起巨大波澜，因此，做事情要格外小心。无论什么样的学校，都有自己的特点，也都有规律可循。

作为大学的管理者，既要用脑，把学校的特点和实施方法想清楚，也要用心，因为只有当我们热爱这所学校，真正用心做事，才能真正把学校办好。

大学的功利主义倾向

邓小平同志四十年前的讲话《解放思想，实事求是，团结一致向前看》，是改革开放的思想启蒙宣言，也是中国大学改革发展的思想基础。过去四十年，中国大学的学术队伍、学术研究、教育教学、基础条件等都发生了深刻的变化。但最近，功利主义思想在大学里滋生蔓延起来，这种思想倾向会严重伤害大学发展的基础。若要保持中国大学的健康和可持续发展，必须建立良好的生态和环境。

我这一代人经历了中国的崛起和变化，还是很幸运的。最近，重读了邓小平同志四十年前的著名讲话《解放思想，实事求是，团结一致向前看》，这是一篇改革开放的思想启蒙宣言，现在读起来仍然令人激动。

人的创造性是从哪里来的？

回顾过去四十年，中国的变化既让人感慨，也给人一种很奇妙的感觉，恐怕没有人会想到中国会变成今天这个样子。改革开放前，中国经济面临崩溃，人们的物质生活极度贫乏，政府天天为人们吃不饱饭发愁，更不用说教育、文化、环境和生态了。实行联产承包责任制之后，种地经营的权利还给了农民，吃饭问题奇迹般地消失了。现在，一些人开始对营养过度的健康问题发愁了。大学也是一样。我们也曾为科研经费少、科研论文质量低、科研成果少而犯愁。学校实行了新的教师人事体制之后，学术队伍的状况持续改善，二十年下来，科研经费不断增加，学术竞争力上来了，好的论文和成果不断涌现出来。现在，我们又开始为教师教学精力不集中、对学生发展关注不够而犯愁了。

社会或群体都蕴含很大的潜力，如何才能最大限度释放出潜力呢？实际上，政府真正做的只是把种地的经营权还给农民，让他们自己决定应当种什么，应当怎样去经营自己的一亩三分地，多年的问题就迎刃而解了。当然，这涉及政府的观念和职能的改变，经历了很艰难的思想解放和转变过程，是一件非常了不起的事情。

这些阻碍人们创造力的藩篱，是明显违反客观规律的，本来不该存在。现在的年轻一代可能很难想象当年计划经济对人们观念的

校长观点：大学的改革与未来

束缚，恐怕也不会理解人们为什么会不顾基本常识，做出那些现在看来匪夷所思的事情。但如果仔细想一想，这种思维方式的形成也有现实的社会基础的。社会或群体所遵循的规律与自然规律有很大不同，人们的观念以及群体受控行为都会导致不同的结果，并不是释放个体的积极性就能解决所有问题。否则，资本主义就不会有经济危机了。由于社会群体行为的复杂性，政府或机构必然拥有一定的权威，制定出一些规则，并采取强制性措施，使大家都遵守这些共同的规则，以保障社会或机构的稳定和发展。这也就产生了另外一种可能性，政府或机构如果忘记了为公众服务的初心，只考虑自己或小团体的利益，就会造成社会关系的扭曲。上面提到的农民经营权就是一个典型的例子。

几十年中国社会主义建设的正反两方面经验都告诉我们一个道理：做任何事情，都要不忘初心、实事求是。不忘初心就是要记住根本的目标是什么，实事求是就是不要为了"本本主义"，偏离了初心和根本。四十年前的解放思想、改革开放，打破思想禁锢，使人们回到实事求是。今天中国情况有了很大变化，社会主义市场经济体制已经确立，人们生活水平提高，国力也大大增强了。我们面临的挑战不再是吃得饱、能上学，而是人们对美好生活更高的期望。这要求我们在保持经济发展的同时，要有更好的环境和生态、更丰富的文化生活、更好的医疗和健康服务、更优质的教育资源。从这个意义上看，中国大学仍然任重道远，我们仍然需要坚持解放思想、实事求是，勇于开拓，大胆探索出一条自己的道路。

大学的功利主义倾向

我们常说，教育不应当像现代工业的生产线，把学生都塑造成一样的产品。教育应该像是农业，我们老师的责任是要为学生的成长提供充足的阳光、养料和水分，营造好的环境，能够让学生们自由和健康地成长。教师的学术研究也是这样，学校一定要提供好的条件，但绝不应当拔苗助长。大学是高度依赖个人创造性的学术机构，如果个人主动性和创造性不能充分释放出来，大学是办不好的，更谈不上世界一流了。

过去十多年，中国高等教育的发展非常快，可以说是举世瞩目，但中国大学的进步主要是在学术研究方面。如果单从发表论文的数量看，我们仅次于美国，处在了世界第二位。另外，国家对教育和科学技术的投入大幅增加，中国的学术研究环境和条件也大为改观，很多很有成就的学者开始回国工作，这也是一个了不起的成就。对教师而言，学术研究有很强的内在驱动力，既是个人兴趣，也是职业发展的根基。学术研究对大学的驱动力也是很强的，社会评价大学主要关注的是学术研究，各种大学排名也都要看学校的科研经费、学术论文、成果奖励等指标。在很多学校的教师评价中，学术研究的水准都是第一位的，国家设立的各种头衔都在鼓励学术研究，一些学校甚至还设立了高额的奖励和薪酬，鼓励教师多出研究成果。这有点像现在的独生子女家庭，集千恩万宠于一身，集一切荣耀期盼于一体。很显然，在这样功利主义的动力驱使下，一定能够产生大量的学术成果，但很难产生真正有价值的、原创性的成就。

对于大学的功利主义倾向，我相信大多数人是不赞成的。但这有点像是绍兴的臭豆腐，闻起来很臭，吃起来却很香，如果真的让你完全放弃功利主义的做法，恐怕还真没有人会愿意。现在的状况是皆大欢喜的。教师跟着别人后面做研究，可以很快有成果，晋升获奖，也不会做得那么辛苦。学校的文章和成果越多，经费和声誉双丰收，当然会心满意足。社会公众当然乐于看到中国大学的快速崛起，以满足人们的虚荣心。

在这个功利主义的浪潮中，大家的短期诉求和欲望都得到了满足，但长期利益却都受到了严重伤害，特别是学校和国家的长期利益以及学术竞争力，受到的损害是最大的。对于这个问题，我们也有过激烈的讨论。大家都很鄙视功利主义倾向，但也的确提不出好的解决办法，谁都不愿意做第一个吃螃蟹的人。当然还有一些人认为，这种现象是大学发展过程中必须要经过的一个阶段。随着学校学术研究水平的提高，大家自然会去关注更加重要的学术问题，那时也就会有更多的原始创新成果。这种观点也许不无道理，但是，如果政府和学校的资源和政策都这样继续鼓励短期利益，仅靠学术共同体的努力真的能有成效吗？这恐怕还是一个很不确定的答案。

学生会是最大的受害者

受功利主义伤害最大的将是教学和学生。我们都清楚，培养人是大学的根本使命，是学校声誉最重要和最长远的来源，也是政府和社会公众办大学的最重要原因，但培养人毕竟是细工慢活，不会很快见到成效。当大家都急于建设世界一流大学的时候，很多学校并没有把教学放到最要紧的位置上，这显然是一种很危险的倾向。对于教师来说，教学当然是最基本的职责，但教师对学术研究的追求有着很强的内在动力，既是兴趣，也是教师生涯的基础。而且在现行的教师评价体系中，学术研究的要求是硬的，关乎晋升和职业发展，而教学是软的，只要完成教学任务，没有人追究教学效果和学生体验。尽管我们一再强调教师的教学责任，但讲这些话的底气并不足，因此，很难在学校形成良好的教学文化。院系是人才培养的主体，当然会很关注学生的成长和培养质量，但是，在功利主义比较盛行的环境下，院系也只能维持已有教育体系的运行，对于教育改革则显得心有余而力不足。

大学的功利主义倾向也体现在管理中。最近一些年，随着国家投入的增加和学校的发展，人们忘记了过去的苦日子，一些不良风气逐步滋生和蔓延开来，官僚主义、脱离群众、思想僵化之风抬头。当然，大学的管理文化的确不同于其他组织。由于学者的独立性比较强，也比较自由，致使学校的管理文化也相对宽松一些。我们通常不是通过下指令的方式，更多的是用学校的理念、愿景、使命凝聚共识，使大家能发挥各自的能动性和创造性来做好学校的工作。这需要我们的干部具有很好的职业精神、更高的管理水平、更多的服务意愿。但是，目前大学的干部管理仍然沿用了机关行政化体制，管理人员岗位定位模糊，激励措施不合理，使大家困窘于僵化的思维习惯，执迷自我为中心，忘记了目标，忘记了初心，忘记了服务对象，甚至形成了形式主义和官僚主义的作风，制约了大学的发展。

我们正处在一个新的历史时期，国家发展和民族振兴都要求我们加快创建世界一流大学的进程。最近，国家实施了新一轮的"双一流"计划，这是中国高等教育难得的发展机遇期。但我们也很清醒，在任何领域，从跟随到领跑是一个质的转变，不仅需要更大的投入、更好的基础条件和优秀的教师队伍，还需要深化综合改革，转变办学理念、办学体制和思维方式。我们要转变教育观念，不能只是传授知识，还要激活学生的思想，使他们主动去探求、去思考、去学习。

我们要转变科研管理理念，不能总是盯着论文、经费、排名等等，还要营造更加宽松的环境和氛围，让大家甘于坐冷板凳，云思考和解决更加重要的学术问题。我们要转变大学管理思想，要清楚谁是学校的核心力量，要主动服务，而不是喧宾夺主，没完没了地"刷存在感"。破除这些功利主义的倾向，要求我们要进一步解放思想，坚持实事求是和改革创新，全面审视大学管理的各个环节，明确任务目标，大胆破除制约发展的瓶颈和障碍。这是一项艰巨的改革任务，大学、政府和社会要建立共识，共同推进中国高等教育的健康和可持续发展。我们应当清楚，比钱更重要的是要建立符合大学发展规律的良好生态环境，使人们的创造潜力真正释放出来。

⑧ 也说大学排名

现在大学排名很时髦，各式各样，层出不穷。中国已经有几类大学排名了，不仅有国内大学排名，还有世界大学排名。据说欧洲也正在制定他们的排名方案。前些日子，参加中俄综合性大学校长论坛，莫斯科大学校长透露，他们也在做自己的大学排名。社会评价大学，对大学进行排名，并非坏事，可以在一定程度上帮助大学了解自身的优势和不足。但如果学校自己把握不好，被排名牵着鼻子走，那就大错特错了。

排名是有局限性的

人们给大学排名，就像是观察一个个黑箱。外面的人并不能直接看到学校的内部状况，只能从一些数据来推断，而且主要是输入和输出的数据，如教师和学生的规模和结构、科研经费、学术成果、国际化程度、毕业生成就、国际同行印象等等。

大家都知道盲人摸象的故事，由于看不见全貌，每个人都只摸到了大象的某个部位，以为大象就是那个样子。大学排名也是这样，每种排名选择的数据都有自己的偏好，都是从某一个视角来观察大学。这就像是在分别比较哪个大象的腿粗、哪个大象的鼻子长、哪个大象的个头大，各自都有自己的道理，但都不是大象的全貌。而且，排名所用的数据更多是说明大学外在的和一般的状况，并不能完全反映学校内在的和动态的状况。例如，这头象是否太老了，是否生病了，是否与其他大象长得不一样等等。

要真正了解学校的内在发展情况，还需要做更深入的考察。最近几年，我参加过几所学校的本科教学评估。虽然过去对这些学校都有一些了解，也认识不少老师和领导，但只有真正进入到学校之中，认真听一些课，与老师和学生进行了座谈，听了学校领导的看法和想法，才能对学校有更深的认识。例如，有一所学校现在的排名情况还不错，但仔细了解后发现，他们在前沿领域的布局并不好，青年学者队伍状况堪忧，因而在未来的发展潜力上，是有很大隐患的。还有一所学校，现在的排名情况并不好，学校在管理、学科布局和队伍建设上的确存在一些问题，但这所学校的文化积淀很深厚，学风朴实，培养了不少很优秀的人。如果他们能解决发展的瓶颈问题，还是有很大发展潜力的。

在出国访问时，我也会有意识地找一些人聊聊他们的学校发展情况。一般地说，发达国家大学的体制都比较成熟。例如，京都大学是一所很好的学校，日本的诺贝尔奖获得者多多少少都与其有关联。我去了之后，发现这所学校很自由，学校对教师几乎没有什么硬性要求，教师可以做他们喜欢的事情。虽然京都大学的论文不如其他学校那么多，但这是一所非常好、非常有特色的学校，这显然不是看大学排名所能了解的。

从排名发现存在的问题

大学校长们对大学排名是有很多争议的。有人认为排名会使大学变得功利，这与教育的基本价值观背道而驰。有人认为大学排名会导致大学的同质化，一些很有特色的学校会受到影响。还有人认为大学排名的区域性系统误差很大，没有充分考虑区域特点，数据选取不够公允，如所选的学术研究成果多是以英语为载体的，这对一些非英语国家的大学是很不利的。有一次，我参加一个世界大学校长论坛，校长们在一起调侃哪个大学排名更靠谱，最后大家一致认为把自己的大学排在前面的是最靠谱的。

在大学几百年的发展历史上，大学排名是第一次把学校的发展状况用数据的方式摆在社会公众面前，任何人都可以来品头论足，这肯定会使人难以适应，对大学的发展也会有很大影响。但是，这与信息技术引发的其他众多社会效应一样，是不以人的意志为转移的，我们必须去适应和面对。

但我们不能因为大学排名存在问题和不足，就全盘否定它。毕竟排名汇集了大学发展状况的很多数据，如果使用得当，是可以帮助学校了解自己的发展状况、发现问题的。当然，每种排名都有所侧重，如果只盯住一种，可能会有一些偏颇，但如果把各类排名放在一起进行综合分析，结果可能就会更有意义。例如，上海交大的世界大学学术排名（ARWU）是大学的学术排名，比较侧重学术的历史贡献和积淀；ESI[1]是按学科近十年发表论文的总引用次数进行排名的，学术研究的水准和学科的规模体量都对大学排名有较大的影响，如果学校的某个学科规模比较大，就会处在比较有利的位置；自然指数（Nature Index）只选择了最顶尖的几十种科学期刊，因而更侧重学术研究的水准而非规模，更能反映在某些基础前沿领域的原创和引领作用；THE[2]、QS[3] 和 US News[4] 等几种排名，除了考虑学术研究之外，也兼顾人才培养，对大学有较为全面和综合的评价。

　　一般地说，成熟的优秀大学在各类排名中都会有比较好的表现。这些学校比较成熟，发展状态比较好，因而排名也就比较稳定，就像一头很健壮的大象，无论是比腿的粗细，还是比鼻子长短，或

---

[1] ESI：基本科学指标数据库（Essential Science Indicators，简称 ESI）是由世界著名的学术信息出版机构美国科技信息所（ISI）于 2001 年推出的衡量科学研究绩效、跟踪科学发展趋势的基本分析评价工具，是基于汤森路透 Web of Science（SCIE/SSCI）所收录的全球 12 000 多种学术期刊的 1000 多万条文献记录而建立的计量分析数据库，ESI 已成为当今世界范围内普遍用以评价高校学术机构、国家 / 地区国际学术水平及影响力的重要评价指标工具之一。

[2] THE：泰晤士高等教育（Times Higher Education）以教学、研究和国际展望（例如海外学生和教职员数目）作为标准，为全世界最好的 980 所大学排列名次。

[3] QS：世界大学排名（QS World University Rankings）是由英国教育组织 Quacquarelli Symonds 所发表的年度世界大学排名，是历史第二悠久的全球大学排名，第一次发布于 2004 年，QS 全球教育集团每年 9 月会进行排名更新。QS 大学排名 2010 年起得到了联合国教科文组织成立的学术排名与卓越国际协会（IREG）的承认，与 "泰晤士高等教育世界大学排名" "US News 世界大学排名" "ARWU 世界大学学术排名" 同为目前国际上较具公信力和代表性的四大大学排名。

[4] US News：美国权威的《美国新闻与世界报道》于 2014 年 10 月 28 日首次发布 "US News 世界大学排名"，根据大学的学术水平、国际声誉等十项指标得出全球最佳大学排名，以便为全世界的学生在全球范围选择理想的大学提供科学的参考依据。

是比个头大小，都会有很好的数据。而一些不是很成熟的大学，或一些新发展起来的大学，就像是一头畸形的大象，可能鼻子很长，但腿还不够粗，因而在不同的排名中，波动会大一些。

总体看，北大在各类排名中的表现都是比较好的，但还是有一些波动。例如，北大的 ARWU 和 ESI 排名大约在全球一百名左右，这可能与学校的学术历史积淀不足、一些学科的规模比较小有一定关系；北大的 THE、QS 和 US News 排名相对好一些，在全球前五十名，表明北大在人才培养和学术研究上的发展是比较均衡的；我们的自然指数一直比较好，最近进入了前十名，表明我们在最前沿领域上的原始创新能力还是很不错的。综合起来看，北大应当属于一所新兴的、充满活力的学校，很多方面的发展比较迅速，势头也很好，但仍然需要更深的学术积淀，因此，学校要树立长远发展的决心，静下心来，认真打好基础，真正实现学校的健康和持续发展。

坚守自己的特色办好大学

大学排名的出现是以一定社会需求为基础的，社会公众希望更多了解大学的情况，大学排名提供了这样一种渠道和方式。对大学而言，大学排名的确增加了额外的压力。排名好，学校的老师和学生都高兴，校长们也会很得意。排名不好，社会公众会议论纷纷，老师和学生不开心，校长们当然就会有压力。这要求学校要更有定力，避免短期行为和功利化倾向。排名使一些学校浮躁起来，对着指标办学，想用一些短平快的办法提升学校的排名，这是没有任何意义的。

排名不好的原因通常都是深层次和基础性的，需要从体制机制上加以解决。例如，学校的学术研究水准不高，问题可能在学术队伍和学科布局上，也可能是评价体系和学术氛围存在问题。有些学校用高额奖励的办法提高科研产出，不但解决不了问题，还诱发了很多学术规范和学术道德的问题。学术研究是一项高尚的事业，能拓展人类的认识边界，功利的做法也许会满足学校和个人的短期欲望，但从长远看，对国家、对学校都是没有任何意义的。与此类似，如果学校的毕业生发展低于期望，学校应当反思教育理念、教学文化，以及培养模式、教学内容和方法等方面是否存在问题，而不是做一些表面文章，让大家都去申报教学成果奖、精品课程奖和教材奖。如果学校的学术队伍状况不好，就要去认真检讨人事制度、学术氛围和制度文化等基础性的问题，而不是找一些人来兼职充数。

几年前，隆德大学[1]校长退休了，他想写一本教育方面的书，于是走访了一些学校。我当时正在北大工作，他问起我们对大学排名的看法。我对他说："我们并不太看重排名，因为北大的目标是要成为一所卓越的学校，这个目标很远大，任务也很艰巨。北大现在还处于快速发展变化的过程中，我们清楚自己有很多弱点和不足，但也对自己的潜力和优势充满信心。如果现在的排名比较好，我们当然很高兴，但这可能是没有看到我们的不足，或者看好我们的潜力。如果现在的排名不那么好，可能是看到了存在的问题，我们应努力去改进。"

---

[1] 隆德大学：瑞典一所现代化、具有高度活力的历史悠久的大学，世界百强大学之一。它建于1666年，有七个院系以及各研究中心和专业学术机构，涉及面有自然科学、法律、社会科学、经济管理、医学、工程技术、人文科学、神学和艺术（包括音乐、美术和戏剧）。

北大是中国大学的引领者，过去曾经为国家、民族的发展进步做出了卓越的贡献。今天也是一样，我们要努力去解决国家发展中遇到的重大问题。如果做到了这一点，北大自然会随着中国的发展而不断进步，因此，无论现在的排名如何，我们都知道前面的路还很长。实际上，真正优秀的大学都有充分的自信，也不特别关注排名，它们会根据自己的特点和实际情况明确目标，坚守自己的特色，独树一帜，这样学校的排名反而会比较好。相反，如果眼睛总是盯着某些指标排名，或头痛医头、脚痛医脚，或亦步亦趋、患得患失，不去寻找深层次的原因，忘记了根本使命，就会失去特色、误入歧途，最终的排名也不会好。要办好大学，必须排除任何外界的干扰，摒弃浮躁，才能把握自己的命运，成为一所真正伟大的学校。

讲好大学的故事

大学过去的故事是动人的，无论是美好的，还是艰辛的，都会使我们记住今天的大学是从何而来的；大学未来的故事是美好的，愿景和责任会带领我们走向远方；今天的故事就发生在我们身边，就在我们的行动中。讲好大学昨天的故事、今天的故事和明天的故事，不仅是为了怀念过去的风雨历程，也不仅是为了憧憬美好的明天，还是为了影响和引领今天的人们，让人们除了世俗和物欲之外，还能感受到精神的力量、学术的力量。

大学里的故事多，流传得也比较广，这可能有两方面的原因：一方面，社会公众对大学和学者比较关注和尊重，希望从大学故事中找到自己情感或梦想的寄托；另一方面，大学自己也需要一些感人的故事，更广泛地传播大学的精神和传统。

通常，故事要比说教更有感染力和说服力，也更有影响力。

故事寄托了人们对大学的期望

大学故事的流传是有选择的。故事并不是年鉴，并非大学过去发生的所有重大事件都能流传下来，人们会自然而然地筛选出一些或表达情感，或针砭时弊，或寄托梦想的故事流传下来。而且，在不同的时期，流传的故事也很不一样。

十多年前，国家启动了创建世界一流大学的"985工程"，我们需要建立起共同的愿景和理念，也要有一些让人自豪、感动的故事激励大家，因此，很多学校都从校史中追寻文化和精神的根源。例如，重庆大学是刘湘主政四川时建立的。当时，一些川东籍的社会人士痛感人才匮乏，川东子弟求学艰难，联名上书要求举办重庆大学。刘湘下令专设一块钱的"猪头税"，以专供重庆大学建设之用，由此才有了重庆大学。这个故事既表达了重庆各界人士的浓浓乡情，也显示了当时办学的艰辛和困难；既与重庆大学校训"耐劳苦、尚简朴、勤学业、爱国家"相对应，也激励大家要艰苦奋斗，努力把学校办好。

北大有很多关于蔡元培校长的故事。蔡元培入主北大之后，解聘了一大批平庸的教员，不拘一格广揽人才，从而一扫学校的腐朽风气，形成了"思想自由，兼容并包"的良好风气。还有很多关于蔡元培校长的传闻轶事流传下来，如学生拒交学费，他挺身而出、当面斥责学生；数度辞职，抗争当局对学校事务的干预；保护学生免遭军警的追捕等等。这些故事寄托了人们对蔡元培校长敢作敢当、刚正不阿形象的赞赏，人们也希望用蔡元培对现代大学的精神和文化做出某种诠释。

大学故事当然多少会加入一些传闻和杜撰，使其更加具有戏剧性和典型性。而且，人们往往会站在今天的立场上解读过去的故事，脱离当时的社会状况，为这些故事披上抽象的外衣。例如，人们并不深究重庆当时的财政经济状况，相对当时人们的收入，一块钱是很重的税负，猪头税是否真的能够实施，或征集了多久等等，人们并不关心。又如，人们并不关心蔡元培时代中国高等教育的实际状况，实际上，当时的北大只是一所很小的学校，只有几百学生、几十位教员，这比现在很多院系都小得多。

历史上的大学故事之所以被人铭记、广为传颂，正是因为它是人们对于大学的想象。通常情况下，故事都源于现实中的一些事件或传闻，在传播的过程中，故事中的现实和时空都会慢慢被遗忘，理想化或神话的色彩也就多了起来，到最后，这些非史实的故事成为那个时代大学的标识和象征。

用故事传播大学精神

实际上，中国大学有很多可歌可泣的事件值得传颂，但这些事情并没有引起广泛的关注，是很可惜的。

中国最早的现代公立大学是建立于1895年的北洋西学学堂[1]，也就是今天的天津大学；紧接着1896年，上海建立了南洋公学[2]，即今天的上海交通大学，成都建立了四川中西学堂[3]，即今天的四川大学；1897年，杭州建立求是书院[4]，就是今天的浙江大学；1898年，北京建立了京师大学堂[5]，也就是北京大学。19世纪90年代，这是中国现代大学兴起的年代，其历史背景却是悲壮凄凉的。1894年甲午战争失败，中华民族遭遇了空前严重的危机。1895年签订的《马关条约》割让了台湾及辽东半岛，并向日本赔款白银二亿两。消息传来，全国各地知识分子群情激愤，台湾籍人士更是痛哭流涕。康有为奋笔写出《上今上皇帝书》，全国十八省的举人响应，一千二百多人连署，这就是著名的"公车上书"。

在国家民族危亡时刻，中国知识界深刻认识到"自强首在储才，储才必先兴学"，纷纷在各地倡导建立现代大学。1898年清政府实施变法，这就是著名的戊戌变法，京师大学堂就是变法的产物。当年，变法失败，所有新政都被撤销，唯独大学保留了下来，这就是中国现代大学建立的风潮和原委。中国大学大多建立于国家民族危难之时，一直带着一种为国为民的基因，很悲壮也很凄凉。现在，

---

[1] 北洋西学学堂，即北洋大学堂。

[2] 南洋公学：盛宣怀光绪二十二年（1896年）创建于上海，与北洋大学堂同为中国近代历史上中国人自己最早创办的大学。

[3] 四川中西学堂：1896年成立，作为四川引进西学的急先锋，四川中西学堂可以说是领文化转型之先，是四川当时唯一的省级新式学堂，也是西南地区最早的近代高等学校之一。

[4] 求是书院：创建于1897年，是中国近代史上效法西方学制最早创办的几所新式高等学校之一。

[5] 京师大学堂：是北京大学在清末1898年至1911年间的曾用名。作为戊戌变法的"新政"之一，学校创办于1898年7月3日，是中国近代第一所国立大学，其成立标志着中国近代国立高等教育的开端。

大学的这段历史已经被淡忘了。在很多人的眼中，大学就是大学，古今中外没什么差别。像这样讲中国大学的历史演进，不会有人喜欢听。但我相信，在这段历史中，津海关道盛宣怀、四川总督鹿传霖、杭州巡抚林启以及梁启超等一批叱咤风云的人物，一定会有很多既引人入胜又给人启迪的小故事。这可能是需要我们去研究、总结和传播的。

大学的变化也是故事

大学的故事不仅属于过去，也属于今天和未来。

今天发生在我们身边的事情，明天也许就会成为大学的故事。学校的愿景和美好的未来，也实实在在地摆在我们面前，这也需要我们像讲故事一样传播出去，激励大家的斗志和情怀。

现在，大家都对创建世界一流大学的提法习以为常了，但这并不是原来的说法。1998 年是北大的一百周年，中央领导参加了庆祝大会。据说在最初准备的讲话中，仍然用了早期提法，要建设社会主义的世界一流大学。中央领导认为不妥，直接改成了要建设世界一流大学。改动了几个字，却深刻影响了中国高等教育的发展进程。想想当时大学的状况，思想封闭、体制僵化，办学水平与发达国家相比差距巨大。另外，当时的社会主义国家除了中国之外，只有越南、古巴和朝鲜几个较小的国家。如果把社会主义的世界一流大学作为建设目标，不用努力就已经建成了。我很钦佩中央领导的气魄的。尽管我们离目标的差距很大，但要敢于去比，承认差距、虚心学习、奋力追赶。

经过近二十年的努力，中国高等教育发生了翻天覆地的变化。高等教育规模已是世界第一，一些大学的办学水平也已经进入了世界一流大学的行列。现在摆在我们面前的问题是能否超越和引领。从事科学研究的人都知道，在别人已经开创的领域中，做跟踪和拓展性质的研究是比较容易的，容易出成果，也容易发文章。而开辟新的领域，去引领一个领域的学术发展是非常困难的。实际上，大到国家发展，小到学校建设和公司发展都是一个道理，从跟踪到引领是质的变化，我们必须在观念上有根本的转变。大家可能注意到了，大学建设目标的提法又有了变化，要建设中国特色的世界一流大学。我想这种提法标志着中国大学建设观念上的变化，如果我们不立足中国，解决中国问题，就不可能实现从跟踪到引领的转变，也无法真正建成世界一流大学。

从世界高等教育的发展史上看，这个观念的转变是有道理的、符合规律的。早期美国的大学很推崇德国的洪堡理念，但他们并没有停留在学习和借鉴上，而是走出了一条符合美国国情的发展道路，成为世界最好的高等教育，也引领了世界高等教育近百年。当然，实事求是地讲，中国高等教育的整体水平还不高，差距还很大，还要继续认真吸收世界上先进的办学治学经验。但我们更要遵循教育规律，有决心、有底气，不是要办第二个哈佛，而要办第一个北大，要扎根中国大地，创建世界一流大学。

学者的故事都很感人

中国大学的发展将会是一个美丽的传说，会很感人也很震撼，但大学的故事实质是学者的故事。我们每天见到的老师，或潜心研究、安心学问，或倾心教学、关怀学生，留下了一串串感人的足迹。过去，老师的故事是在学生们的记忆中的，人们只能从同学们的回忆中了解一些点点滴滴，很多故事也就埋没在历史的长河中了。

我在上大学时，任课老师都是著名的学者。当时的大学刚刚恢复，很多课都没有教材。讲有机化学课的是张滂先生，每次上课都发给我们两三页油印讲义。他亲自刻钢板，字迹工整娟秀。张滂先生是剑桥的毕业生，每次出现都是身着笔挺西装，说话字正腔圆，很有绅士风度。讲定量分析的张锡瑜老师却是另外的风格。冬天上课总是穿一件蓝色的旧棉袄，进到教室，先把棉袄堆放在墙角。张锡瑜老师的课讲得非常好，当时用的都是板书，他写得条理清晰、逻辑严谨，很容易做笔记，结束时大家常常都报以热烈的掌声。张锡瑜老师还有一个有趣的习惯，每次写完黑板，都要把两只手在胸前摸干净，最后手倒是没有粉笔灰了，但蓝色中山装的胸前留下白白一片。热力学的任课老师叫高执棣，一口浓重的山西口音，非常难懂。热力学又是比较难的课程，只有课下多花功夫了。当时的很多老师，无论是任课的、辅导的，还是班主任，与学生的关系都很密切，有些直到今天还保持着联系。

讲述现在的故事

今天的信息技术改变了人们的生活方式，也改变了知识的传播方式。有些网上的共享课程动辄就是几万甚至几十万学生，一些过去深居简出的任课老师，一下子成了网红。但除了课堂上的风采，他们的为人处世、价值情怀，人们都鲜有了解。大学里今天发生的故事，不应当再像从前那样，要等几十年后，从学生的点滴记忆中回放。我们应当利用现代技术，把学者们的坚守、情怀、价值和理想，即时地传播出去，去影响更多的人，去引领社会的风尚。

从 2017 年的校庆日开始，北大陆续举办了几期"讲述"活动。学者们用他们自己的话语，讲述了他们的北大、他们的学术理想和心路历程。在"讲述"的现场，大家从头至尾都在静心倾听，被学者们的朴实无华、平和淡定感动，被他们的孜孜不倦、默默坚守震撼，他们才是国家的脊梁。当天，网上有上百万人观看了现场直播，观后的好评接连不断。网上成长起来的青年人有他们自己的生活方式和学习方式，传统的说教是很难打动他们的心灵的。我们的"讲述"展现了智慧与美结合的力量，展现了清晰、简洁和深刻的语言魅力，证明了我们也可以用青年人喜欢的方式去传播知识，我们也是可以与他们心心相印的。

图书在版编目（CIP）数据

　　校长观点：大学的改革与未来/林建华著.－－上海：东方出版中心，2018.5
　　ISBN 978-7-5473-1270-4

　　Ⅰ.①校… Ⅱ.①林… Ⅲ.①高等教育－教育管理－中国－文集 Ⅳ.① G649.2-53

　　中国版本图书馆 CIP 数据核字（2018）第 056196 号

校长观点
——大学的改革与未来

XIAOZHANG GUANDIAN

——DAXUE DE GAIGE YU WEILAI

出版统筹　郑纳新
项目组稿　刘　鑫
责任编辑　刘　鑫　杨　萍　刘　军
装帧设计　於廷翰　刘　佳
出版发行　东方出版中心
地　　址　上海市仙霞路 345 号
电　　话　021- 62417400
邮政编码　200336
经　　销　全国新华书店
印　　刷　山东临沂新华印刷物流集团有限责任公司

开本：890 mm × 1240 mm 1/32　　印张：10.375　　字数：240 千
版次：2018 年 5 月第 1 版　　印次：2018 年 5 月第 1 次印刷
书号：978-7-5473-1270-4　　定价：78.00 元

知室

ZHI SHI

策　　划　知识实验室
监　　制　葛　新
项目统筹　武凌寒　杨　萍
编　　辑　李　欣　常　晨　戴秀敏
装帧设计　於廷翰　刘　佳
投稿邮箱　zhishishiyanshi@able-elec.com
新浪微博　@知识实验室

検